ERICH
SCHMIDT
VERLAG

Mittelhochdeutsch als fremde Sprache

Didaktischer Leitfaden
und Lösungsschlüssel

von

Nina Bartsch
Simone Schultz-Balluff
Klaus-Peter Wegera

ERICH SCHMIDT VERLAG

Inhaltsverzeichnis

Benutzerhinweise

Der vorliegende Begleitband ist zur 2. Auflage von ‚Mittelhochdeutsch als fremde Sprache' erstellt worden und bietet sowohl umfangreiche Lösungen als auch eine umfassende didaktische Kommentierung hinsichtlich der jeweiligen Zielsetzung und des angestrebten Kompetenzerwerbs der jeweils gestellten Aufgabe bzw. Frage.

Die Kommentierung entfaltet das didaktische Konzept des Lehrwerks, das die Methoden des modernen Fremdsprachenunterrichts nutzt und diese auf die Vermittlung einer historischen Sprachstufe des Deutschen überträgt. Hierzu werden sowohl didaktische als auch inhaltliche Kommentierungen verwendet.

Die didaktische Kommentierung bietet eine Kontextualisierung der einzelnen Aufgaben im größeren Zusammenhang des jeweiligen Kapitels und stellt den angestrebten Zuwachs an Wissen und Kompetenzerwerb heraus. An entsprechenden Stellen wird der Bezug zur spiralförmig organisierten Lernprogression des Gesamtkonzepts hergestellt und verknüpfend auf vorhergehende Kapitel verwiesen. Die didaktische Kommentierung verdeutlicht jeweils, warum dieser Frage-Typ an genau dieser Stelle angemessen erscheint. Damit soll aufgezeigt werden, dass z.B. Fragen, die isoliert betrachtet vielleicht etwas trivial erscheinen könnten, in Kombination mit weiteren Fragen einen übergeordneten Sinn ergeben (z.B. zur Kontrolle des Leseverstehens).

Die Kommentierung inhaltlicher Art erfolgt dort, wo sie zur Beantwortung einzelner Fragen hilfreich ist und fokussiert Besonderheiten und Schwierigkeiten. Manche Fragen – und das ist nicht ungewöhnlich für historische Texte – lassen sich nicht eindeutig beantworten; häufig bleibt z.B. eine Textstelle vage und kann nicht ohne Probleme ins Nhd. übertragen werden. Hier bieten die Kommentare verschiedene Lösungsmöglichkeiten an, von denen zwar meist eine plausibler erscheint als die jeweils andere(n), diese aber dennoch bei anderer Lesart nicht ausschließt.

Der Aufbau des Bandes folgt dem des Lehrwerks, so dass über die markanten Kapitelüberschriften die grundsätzliche Orientierung gewährleistet ist. Die Aufgaben bzw. Fragen werden (bis auf wenige Ausnahmen) in der Reihenfolge des Vorkommens in den Kapiteln kommentiert; hierzu werden diese vollständig zitiert. Die Verknüpfung mit dem Lehrwerk erfolgt über Seitenverweise am Rand. Der vorangestellte Kommentar gibt Auskunft über die Einbettung der einzelnen Fragen oder Aufgaben in das jeweilige Kapitel bzw. Gesamtkonzept und verdeutlicht die jeweilige didaktische Intention im Sinne eines Teilziels. Die sich daran anschließende Aufnahme der Frage oder Aufgabe aus dem Lehrwerk dient der Übersichtlichkeit und ist der eigentlichen Lösung vorgeschaltet. Die Lösungen bzw. Lösungsvorschläge präsentieren sich in Abhängigkeit von der Art der einzelnen Fragen oder Aufgaben und werden dort, wo es notwendig ist, um ausführliche inhaltliche Kommentierungen ergänzt.

Der vorliegende didaktische Leitfaden und Lösungsschlüssel versteht sich als Handreichung, die einerseits eine didaktische Hilfestellung für die unterrichtliche Praxis bieten und andererseits der Leistungsüberprüfung dienen möchte.

Kapitel 1 Lasst uns sprechen: *willekomen*

Das erste Kapitel dieses Lehrwerks versteht sich als vorgeschaltete Einheit im Sinne einer Einführung, die helfen soll, Fremdheitsbarrieren abzubauen. Daher stehen hier noch nicht die inhaltliche Erschließung mittelhochdeutscher Texte oder die Erklärung grammatischer Besonderheiten im Mittelpunkt.

Durch die Thematisierung von mhd. Schriftzeichen, die dem Nhd. fremd sind (z.B. das Schaft-s), und die Beschreibung der in der Fachwissenschaft etablierten Aussprachekonventionen soll die sinnerschließende Lektüre mhd. Texte vorbereitet werden. Die Fähigkeit mhd. Texte (laut) lesen zu können, stellt eine erste und wichtige Bedingung zur Sinnerschließung mhd. Wörter und in der Folge einzelner Textpassagen und ganzer Texte dar. Die Materialgrundlage bilden dabei nicht nur Auszüge aus Editionen, sondern auch aus Handschriften, um die Studierenden von Beginn an für die Varianz des Mittelhochdeutschen auf unterschiedlichen Ebenen zu sensibilisieren – hier insbesondere auf der Ebene der Graphie.

In einem ersten Zugang (Aufgabe 1) sollen die Studierenden auf einige Besonderheiten der mhd. Schriftzeichen hingewiesen werden. Im Anschluss daran sollen sie die konventionalisierte Aussprache des Mittelhochdeutschen anhand vorgegebener Beispiele aus der Edition des Nibelungenliedes erklären und die als korrekt angesehene Aussprache durch die Umsetzung der jeweiligen Konventionen üben. Hier wird davon ausgegangen, dass die verbindliche Aussprache bzw. das Wissen darum in den meisten Fällen dazu dient, das als ‚fremd' wahrgenommene Wort vertrauter zu machen; dies gilt insbesondere für die Artikulation von <z> als /ts/ oder /s/ sowie von <h> als /x/. Gegenstand dieser Aufgabe ist ein Ausschnitt aus einer Edition, die ein weitgehend normalisiertes Mhd. aufweist, so dass der Schwierigkeitsgrad hier, auch im Interesse eines ersten Erfolgserlebnisses, eher gering anzusetzen ist.

21

1 Erklären Sie mithilfe der Ausführungen zu ‚Aussprache und Schriftzeichen', welche Besonderheit bei den rot markierten (hier fett gedruckten) Wortteilen jeweils vorliegt. Versuchen Sie im Anschluss, die kompletten Wörter auszusprechen. (!)

*m**æ**ren*	→	Ligatur æ steht für langes /ä:/
*ar**e**beit*	→	Diphthong <ei> wird ähnlich wie im Engl. *may* gesprochen
*ni**h**t*	→	<h> wird hier vor Konsonant <t> /x/ gesprochen
*sch**œ**ners*	→	Ligatur œ steht hier für langes /ö:/
*verl**ie**sen*	→	bei Diphthong <ie> werden beide Laute artikuliert /iə/
*tr**iu**ten*	→	<iu> wird als langes /ü:/ gesprochen
*m**â**zen*	→	Zirkumflex über <a> zeigt an, dass der Vokal lang gesprochen wird
*jun**c**vrouwen*	→	<c> ist hier Schreibvariante zu *k* und wird /k/ artikuliert
zierten	→	<z> steht hier für /ts/
*ander**iu***	→	<iu> wird als langes /ü:/ gesprochen
*s**wester*	→	vor Konsonat wird <s> nicht /ʃ/ sondern /s/ gesprochen
*unmâ**z**en*	→	<z> steht hier für /s/
*stol**z**iu*	→	<z> steht hier für /ts/
*s**turben*	→	vor Konsonat wird <s> nicht /ʃ/ sondern /s/ gesprochen
*zw**ei**er*	→	Diphthong <ei> wird ähnlich wie im Engl. *may* gesprochen
*hie**z***	→	<z> steht hier für /s/
*star**c***	→	<c> ist hier Schreibvariante zu *k* und wird /k/ artikuliert
*s**carpfen*	→	altes *sc* wird nhd. *sch*

21

Im Gegensatz zum Nhd. wird die Auslautverhärtung im Mhd. häufig graphisch realisiert. Das Wissen darum ist notwendig, um unbekannte Wörter und deren Bedeutung (durch die Konstruktion z.B. der unflektierten Singularform von Substantiven) im Wörterbuch nachschlagen zu können. Aus der Perspektive des Neuhochdeutschen ist die Form mit Auslautverhärtung dabei häufig die unbekanntere; diese bildet jedoch zumeist das Lemma in den mhd. Wörterbüchern. Die folgende Aufgabe soll die Studierenden für dieses Problem sensibilisieren und garantieren, dass Wörter erfolgreich nachgeschlagen werden können. Die Anwendung erfolgt hier durch die Konstruktion entsprechender Formen mit Auslautverhärtung.

2   Geben Sie zu folgenden Wörtern die Form im Singular mit Auslautverhärtung an (vgl. ,Aussprache und Schriftzeichen', Konsonanten): *helden* (I,2), *magedîn* (II,1), *tugende* (III,4), *jugende* (VII,4), *künege* (VIII,1). (!)

helden	*helt* (d – t)
magedîn	*maget* (d – t)
tugende	*tugent* (d – t)
jugende	*jugent* (d – t)
künege	*künec* (g – c/k)

23

Aufgabe 3 folgt denselben didaktischen Zielsetzungen wie die erste Aufgabe, sie verfügt dabei jedoch über ein höheres Anspruchsniveau, denn hier bildet eine handschriftennahe Transkription die Materialgrundlage. Diese präsentiert einen größeren Umfang an Varianz hinsichtlich der Schriftzeichen (Schaft-s und Superskripte) und der Aussprache (z.B. <v> für /u/).

3   Erklären Sie die Besonderheiten der farbig markierten Wortteile (hier fett gedruckt) hinsichtlich ihrer Aussprache oder der Verwendung der Schriftzeichen. (!)

trvmte	<v> steht hier für Vokal /u/
ſi	ſ (sog. Schaft-s) steht für /s/
zvge	<z> steht hier für /ts/
valchen	/f/ wird hier graphisch durch <v> realisiert
ſtarch	ſ (sog. Schaft-s) steht für /s/; vor Konsonat wird <s> nicht /ʃ/ sondern /s/ gesprochen; <ch> steht hier für /x/
enkunde	<u> steht hier für Vokal /u/
trv̊m	v̊ steht hier für den Diphthong /uo/; <v> steht hier für Vokal /u/
chundes	<ch> steht hier für /x/
niht	<h> wird hier vor Konsonant <t> /x/ gesprochen
baz	<z> steht hier für /s/
valche	<ch> steht hier für /x/
zivheſt	<v> steht hier für Vokal /u/, <iv> wird als langes /ü:/ gesprochen

Kapitel 2   Deutsch: Sprache, Land und Leute

Das zweite Kapitel soll einen ersten inhaltlichen Zugang zum Verstehen eines mittelhochdeutschen Textes ermöglichen und die Studierenden für Probleme unterschiedlicher Art beim Übertragen oder Übersetzen oder grundlegender für das Verständnis dieser Texte sensibilisieren.

Durch die Anwendung der im ersten Kapitel vermittelten Aussprachekonventionen sollen erste Fremdheitsbarrieren abgebaut werden, so dass ein basales Verständnis des Textes *Ir sult sprechen willekomen* ermöglicht wird.

29

1   Lesen Sie den Text laut vor.

Das Ergebnis der zweiten Aufgabe soll keine perfekte Übersetzung ins Neuhochdeutsche sein. Vielmehr soll hier die Möglichkeit genutzt werden, sprachliche Differenzen zwischen den Sprachstufen des Mittelhochdeutschen und Neuhochdeutschen zu erkennen, die durch eine Wort für Wort Übertragung entstehen. Probleme sollen markiert werden (Aufgabe 3), um sie den angegebenen Kategorien (S. 30) zuordnen zu können. Die folgende Wort-für-Wort-Übersetzung kann als Orientierungshilfe genutzt werden; die Markierungen zeigen exemplarisch, welche unterschiedlichen Arten von Problemen bzw. welche Fragen sich ergeben können.

29

2   Versuchen Sie, den folgenden Textausschnitt ins Nhd. zu übersetzen. Berücksichtigen Sie dabei die Übersetzungshilfen neben dem Text.

3   Markieren Sie Stellen, an denen der von Ihnen übersetzte Text aufgrund der oben beschriebenen Unterschiede vom modernen Sprachgebrauch abweicht.

mhd. Text	wörtliche Übersetzung	Übersetzungsprobleme
Von der Elbe unz an den Rín	Von der Elbe **bis** an den Rhein	Bedeutung kann nur kontextuell erschlossen werden. Das Wort gibt es heute nicht mehr.
her wider unz an **der Unger lant,**	bis an **das Land der Ungarn**	Formulierung ist heute ungebräuchlich.
dâ mügen wol die besten sîn,	da mögen wohl die Besten sein,	
die ich in der welte hân **erkant.**	die ich in der Welt habe **erkannt.**	Die wörtlichen Übersetzungen zu *erkant/ schowen/ lip/ wîp/ frowe/ gezogen* ergeben einen anderen Sinn bzw. der Kontext legt andere Übersetzungen nahe.
Kan ich rehte **schowen**	Kann ich richtig **schauen**	
guot geláz und **lîp,**	gutes Benehmen und **Leib,**	
sem mir gôt, sô swüer ich wol, daz hie diu **wîp**	bei Gott, so schwöre ich wohl, dass hier die **Weiber**	
bezzer sint danne ander **frowen.**	besser sind als anderswo **Frauen.**	
Tiusche man sint wol **gezogen,**	Deutsche Männer sind wohl **gezogen,**	Die Syntax weicht vom modernen Sprachgebrauch ab.
rehte als engel sint diu **wîp** getân.	recht wie Engel sind die **Weiber** getan.	
swer si **schiltet,** derst gar betrogen:	Wer sie **schilt,** der ist gar betrogen:	Das Wort *schelten* ist heute kaum noch gebräuchlich.
ich enkan **sîn anders niht verstân.**	Ich kann ihn **anders nicht verstehen.**	Die Syntax weicht vom modernen Sprachgebrauch ab.
Tugent und reine **minne,**	Tugend und reine **Minne,**	Das Wort *minne* ist heute noch bekannt aber ungebräuchlich.
swer die suochen wil,	wer die suchen will,	
der sol komen in unser lant, dâ ist wunne vil.	**der soll kommen in unser Land, da ist Wonne viel.**	Die Syntax weicht vom modernen Sprachgebrauch ab.
lange **müeze** ich leben dar inne!	Lang **muss** ich darin leben.	Der Kontext legt eine andere Übersetzung als die wörtliche nahe,

Abstraktion:

Probleme bereiten hier insbesondere:

- unbekannte (,fremde') Wörter wie z.B. *unz, schiltet* (von *schelten*), *gelâz, swer*;
- Wörter, die scheinbar bekannt sind, aber im Nhd. eine (etwas) abweichende Bedeutung haben wie *erkant* (von *erkennen* – hier: ,kennenlernen'), *schowen* (hier: (,durch eigene Anschauung) beurteilen'), *wîp* (,Frau'), *getân* (,beschaffen', vgl. heute ,wohlgetan'), *müeze* (von *müezen* – ,mögen', ,wollen');
- Wörter mit mehreren Bedeutungen, von denen heute eine oder mehrere geschwunden sind wie *lîp* (,Körper' und ,Leben');
- darüber hinaus weichen mhd. und nhd. Syntax voneinander ab, so dass es bei einer Übersetzung zu Umstellungen, Modifikationen oder sogar Ergänzungen kommen kann (z.B. IV,5ff.: *Wenn ich gutes Benehmen und äußere Erscheinung richtig beurteilen kann, bei Gott, so würde ich schwören, dass hier die Frauen hübscher sind als anderswo die Damen*; oder: *Kann ich gutes Benehmen und Schönheit richtig einschätzen, bei Gott, so schwöre ich, dass hier Frauen besser sind als anderswo Damen*).

Die Benutzung eines Wörterbuchs wird hier noch nicht explizit eingefordert; die neben dem Text stehenden Bedeutungsangaben reichen für die Lösung der Aufgabe aus. Ziel dieser Übung ist es, den Studierenden zu zeigen, dass sie sich an vielen, allerdings nicht an allen Stellen auf ihr Sprachgefühl verlassen können. Im Anschluss daran sollen Verfahren aufgezeigt bzw. Wissen bereit gestellt werden, um Verstehensbarrieren abzubauen, so z.B. das Nachschlagen im Wörterbuch, das Wissen um Lautwandel und semantischen Wandel und den Umgang mit ,falschen Freunden'.

Die Auseinandersetzung mit dem Wortbereich *wîp* bzw. mit den unterschiedlichen mhd. Bezeichnungen für weibliche Personen soll exemplarisch aufzeigen, dass sich die mhd. von der nhd. Bedeutung eines Wortes unterscheiden kann. Studierende werden so für semantische Wandelprozesse sensibilisiert. Die Graphik und die in ihr enthaltenen Bedeutungsangaben und Erklärungen bieten eine Hilfestellung, um die konkrete Bedeutung in ihrer jeweiligen sprachlichen Verwendung erschließen zu können.

31

4 Erklären Sie mithilfe der Graphik die Bedeutung der fettgedruckten Wörter in den folgenden Textbeispielen. (!)

❶ Vnd vil schîere sach ich chomen,
do ich in die bvrch giê,
êine **ivnchfrovwen**, div mich enpfîe.
Ich gihe noch als ich do iach,
daz ich nîe schoener kint gesach.

Hartmann von Aue ,Iwein', Hs. 97,
fol. 6ᵛ,24-7ʳ,2, vv. 312-316

⟶ *ivnchfrovwen* (= *juncvrouwe*) kann sowohl eine Aussage hinsichtlich der sozialen Stellung und des eherechtlichen Status als auch des Alters einer Frau beinhalten, so dass hier von einer jungen, sozial hochstehenden und unverheirateten Frau gesprochen wird.

❷ ze dem engel si do sprah:
ia ne han ich niht betrahte,
wie daz ergen maehte,
daz ich kint gebaere
vnd iedoh **maget** waere.

Pfaffe Werner ,Driu liet von der maget',
Berol. Mgo 109, fol. 44ʳ, 4-6, vv. 2450-2454

⟶ *maget* kann sowohl eine Aussage hinsichtlich des eherechtlichen Status als auch des Alters einer Frau beinhalten, so dass hier von einer jungen und unverheirateten Frau gesprochen wird, wobei der Status ,unverheiratet' in dieser Textstelle mit dem Merkmal ,Jungfräulichkeit' einhergeht.

❸ Wir sprechen mer von totslegen:
    Ist daz ein wirt sein **hausfrawen** ⎯⎯→
    ze tot slecht unverdienter dinge,
    wirt er darvm gevangen.

Ruprecht von Freising, ‚Rechtsbuch', Zim. 1,
fol. 8,21-23

hausfrawen (= *hûsvrouwe*) beinhaltet eine Aussage hinsichtlich des eherechtlichen Status einer Frau, so dass hier von einer verheirateten Frau gesprochen wird.

❹ Parzefal keine trurickeit hette. ⎯⎯→
    Zvo der **Juncfrowen** sprach er zehant:
    Schoene **maget**, tuont mir bekant
    die truwe, ir moegent zuo gotte han.

‚Rappoltsteiner Parzival', Cod. Donaueschingen
97, fol. 283rb,36-39

Juncfrowen (= *juncvrouwe*) kann sowohl eine Aussage hinsichtlich der sozialen Stellung und des eherechtlichen Status als auch des Alters einer Frau beinhalten, so dass hier von einer jungen, sozial hochstehenden und unverheirateten Frau gesprochen wird. Diese wird als *maget* angesprochen, wodurch sowohl der eherechtliche Status (= unverheiratet) als auch das Alter der Frau (= jung) besonders betont werden.

32 Die folgenden beiden Fragen dienen der Texterschließung, wobei die erste Aufgabe einfacher als die zweite zu lösen ist, da sich die mhd. Bezeichnungen der verschiedenen Volksgruppen zum großen Teil nur graduell von den nhd. unterscheiden; zudem sind die entsprechenden Wörter alle großgeschrieben, so dass sie sich schnell und einfach als Substantive verifizieren lassen. Die Frage nach den nicht sprachlichen Eigenschaften ist in ihrer Lösung komplexer, da die entsprechenden Wörter aufgrund größerer Abweichung schwieriger zu identifizieren sind.

5 Welche verschiedenen Volksgruppen werden im Text genannt?

Aachener, Franken, Schwaben, (Franken), Bayern, Thüringer, Sachsen, Rheinländer, Wetterauer (*Wetereiber* = heute Landkreis im Regierungsbezirk Darmstadt, Hessen), Meißner (*Mîsener*) Egerländer (*Egerlant* = Region im Westen Tschechiens), Österreicher, Steirer (Bewohner der Steiermark, *Stîrlant*), Kärntner (*Kernde*).

6 Durch welche – nicht sprachlichen – Eigenschaften zeichnen sich diese Volksgruppen jeweils aus?

v. 7: *site*
v. 9: Neben *sprâche: mâze, gewande*
v. 12: Neben *sprâche: mâze, wâge, zal*

Die folgende Aufgabe dient dazu, vermitteltes grammatisches Wissen anzuwenden, um Textverstehen durch den Abbau von Fremdheitsbarrieren zu erleichtern und Lösungsstrategien im Umgang mit unbekannten Wörtern aufzuzeigen. Vorausgesetzt wird, dass das Wissen um Lautwandelprozesse helfen kann, unbekannte Wörter durch eine lautliche Transformation ins Nhd. besser zu verstehen. Die Lösung bietet hier eine exemplarische Auswahl möglicher Antworten.

7 Lesen Sie den Text (Hugo von Trimberg ‚Der Renner') und tragen Sie – sofern möglich – Beispiele für die oben beschriebenen Lautwandelprozesse in die Tabelle ein.

Textbeispiel	lautliche Transformation ins Nhd.	Lautwandelprozess
sîn	sein	nhd. Diphthongierung
miuse	Mäuse	nhd. Diphthongierung
tiutsche	deutsche	nhd. Diphthongierung
muoz	muss	md. Monophthongierung
eben	eben	Dehnung
zal	Zahl	Dehnung
hât	hat	Kürzung
süln	sollen	Senkung
…	…	…

Kapitel 3 Wald und Wildnis
a Wald als Natur- und Nutzraum

Aufgabe 1 dient der Schulung bzw. der Erweiterung der Methodenkompetenz und soll den Studierenden eigenständige Wege zur Texterschließung aufzeigen. Das Einfügen moderner – nicht zwingend regelkonformer – Interpunktion erfordert einerseits eine intensive inhaltliche Auseinandersetzung mit dem Text, andererseits soll es einen Weg aufzeigen, unbekannte Texte mit komplexer Syntax sinnerschließend zu gliedern. Die Aufgabe dient damit der Vorbereitung einer möglichen Übersetzung.

1 Machen Sie aus dem Text einen Lesetext, indem Sie moderne Interpunktion einfügen.

Grau markiert sind die Stellen, an denen das Einfügen eines (modernen) Interpunktionszeichens sinnvoll zur Textgliederung beiträgt, wobei das konkrete Zeichen (Komma, Semikolon, Doppelpunkt, Punkt, Ausrufezeichen) durchaus variabel sein kann. Die ursprüngliche Interpunktion wurde beibehalten, um Differenzen zwischen historischer und moderner Interpungierung zu verdeutlichen.

Do got den menſchen geſchůf ▦ do gab er im gewalt vber vogel.
vnd vber wildv̇ tier. ▦
Da von hant die kv̇nige geſetzet. ▦ daz nîeman ſinen lîp noch
ſinen geſvnt. verwůrken mag. mit diſen dingen. ▦ Doch hant dîe
herren banförſte. ▦ ſwer in dar inne iht tův̂t. ▦ da habent ſi bůzze
vber geſetzet. ▦ alſe wir har nach wol geſagen. ▦
Si hant ouch vber viſcher ban geſetzet. vnde vber vogele. ▦ hie
ſprichet bangeſetzede. ▦ allen tîeren iſt vride geſetzet. ▦ wan
wolven. vnde bern. ▦ an den brichet nîeman keinen vride. ▦
Swer in den banforſten wilt wundet. oder vellet. oder îaget.
oder tôtet. ▦ der ſol dem herren ▦ dez ez iſt ▦ ſehzeg ſchillinge geben dez herren lantphenninge. ▦
Swer durch den banvorſt ritet ▦ ſinv̇ arenbrvſt. vnd ſine bogen
ſvln vngeſpannen ſin. ▦ ſine kocher ſvln bedeket ſin. ▦ ſine winde
vnd ſine bracken ſvln vf gevangen ſin. ▦ vnde ſine îagehunde
ſvln bekvpelt ſin. ▦

Eine mögliche Lösung könnte folgendermaßen aussehen:

Do got den menſchen geſchůf, do gab er im gewalt vber vogel.
vnd vber wildv́ tier..
Da von hant die kv́nige geſetzet., daz nîeman ſinen lîp noch
ſir̄en geſvnt. verwůrken mag. mit diſen dingen.. Doch hant dîe
herren banfõrſte.. ſwer in dar inne iht tv̊t., da habent ſi bůzze
vber geſetzet., alſe wir har nach wol geſagen..
Si hant ouch vber viſcher ban geſetzet. vnde vber vogele.. hie
ſp̄ichet bangeſetzede.: allen tîeren iſt vride geſetzet., wan
wolven. vnde bern.; an den brichet nîeman keinen vride..
Swer in den banforſten wilt wundet. oder vellet. oder îaget.
oder tõtet., der ſol dem herren, dez ez iſt, ſehzeg ſchillinge geben dez herren lantphenninge..
Swer durch den banvorſt ritet, ſinv́ arenbrvſt. vnd ſine bogen
ſvln vngeſpannen ſin., ſine kocher ſvln bedeket ſin., ſine winde
vnd ſine bracken ſvln vf gevangen ſin. (,) vnde ſine îagehunde
ſvln bekvpelt ſin..

Die folgenden beiden Übungsaufgaben sollen dazu dienen, in den vorherigen Kapiteln erworbenes Wissen durch Anwendung bzw. Wiederholung und Übung zu festigen und zudem
unterschiedliche Wissensbereiche miteinander zu vernetzen (Präteritopräsentien und ‚falsche
Freunde' Kap. 1, kontextuelle Bedeutungserschließung Kap. 2).

2 Welche Bedeutung haben die Präteritopräsentien *mag* (Z. 4, Inf. *mugen*) und *sol* bzw. *svln*
   (Z. 11 u.ö., Inf. *suln*) abweichend vom Neuhochdeutschen in diesem Text (vgl. Kap. 2)?

   mugen: Bedeutung nicht ‚mögen' sondern ‚kann' bzw. ‚können'
   suln: Bedeutung nicht ‚sollen' sondern ‚muss' bzw. ‚müssen'

3 Erklären Sie, warum *gewalt* (Z. 1) und *bůzze* (Z. 5) zu den ‚falschen Freunden' gehören.
   Wie übersetzen Sie die Begriffe im vorliegenden Text?

   gewalt und *bůzze* gehören zu den ‚falschen Freunden', da bei erkennbarer lautlicher
   Entsprechung die neuhochdeutsche von der mittelhochdeutschen Bedeutung abweicht,
   d.h. beide Lexeme haben ihre Bedeutung zum Neuhochdeutschen hin geändert. Die im
   Text verwendete bzw. gemeinte Bedeutung von *bůzze* (= ‚Strafe') hat sich im Neuhochdeutschen aber noch in einigen Komposita wie z.B. ‚Bußgeld' oder ‚Geldbuße' erhalten.

   gewalt: Bedeutung nicht ‚Gewalt' sondern ‚Herrschaft' oder ‚Macht'

   bůzze: Bedeutung nicht Buße im religiösen Sinn (‚Reue') sondern im rechtssprachlichen
   Sinn ‚Strafe'

39

Die beiden folgenden Aufgaben sollen für die Medialität der mittelalterlichen handschriftlichen Überlieferung sensibilisieren und Impulse für eine mögliche Auseinandersetzung mit dem Aspekt der Text-Bild-Beziehung liefern. Obwohl Text und Bilder aus unterschiedlichen Handschriften stammen, ist dies möglich, da diese auf den gleichen Sachverhalt referieren. Der Vergleich zwischen Text und Bild soll den Studierenden ermöglichen, ihr Weltwissen in den Verstehensprozess mit einzubeziehen und Impulse zur Diskussion über Fragen der Darstellbarkeit etc. geben.

4 Markieren Sie die Textstellen im ‚Schwabenspiegel', die mit den Bildern im ‚Sachsenspiegel' korrespondieren. (!)

Do got den menſchen geſchůf do gab er im gewalt vber vogel. vnd vber wildů tier.

Da von hant die kůnige geſetzet. daz nîeman ſinen lîp noch ſinen geſvnt. verwůrken mag. mit diſen dingen. Doch hant dîe herren banfôrſte.

Swer durch den banvorſt ritet ſinů arenbrvſt. vnd ſine bogen ſvln vngeſpannen ſin. ſine kocher ſvln bedeket ſin. ſine winde vnd ſine bracken ſvln vf gevangen ſin. vnde ſine îagehunde ſvln bekvpelt ſin.

5 Beschreiben Sie die Bilder möglichst detailliert und versuchen Sie, die dargestellte Situation zu benennen. (!)

Oberes Bild:
Merkmale:
- Gott (rechts): Heiligenschein (Nimbus), barfuß, blaues Gewand, roter Mantel, lange Haare, Bart, linke Hand hält den Mantel, rechte Hand erhoben, Segensgestus

- Adam (links): kinnlanges blondes Haar, nackt, linker Arm bedeckt mit einem Blatt die Scham, rechter Arm ist ausgestreckt, geöffnete Handfläche
- Tiere (Mitte): Abbildung der gesamten Tierwelt: Tiere, die auf dem Land (Hirsch, Hirschkuh und Hase), in der Luft (Störche und andere Vögel) und im Wasser (Fische) leben

Situation: In Anlehnung an das Buch Genesis (1,26) wird dargestellt, wie Gott Adam die Herrschaft über die Tiere anvertraut.

Mittleres Bild:
Merkmale:
- König (rechts): Krone, Zepter im linken Arm, goldenes Gewand, rote Stiefel, sitzt auf einem Stuhl ohne Lehne, rechter Arm erhoben, rechter Zeigefinger ausgestreckt
- Tiere: Darstellung der Tiere, die auf dem Land bzw. im Wald leben (wie im oberen Bild Hirsch, Hirschkuh und Hase)
- Bäume: die Darstellung dreier Bäume, zwischen denen sich die Tiere aufhalten, verweist auf den Wald als Ort

Situation: Abgebildet wird, dass der Wald (eigentlich) der Herrschaft des Königs unterliegt.

Unteres Bild:
Merkmale:
- Reiter/ Jäger: blaue Mütze, rotes Gewand, schwarze Schuhe, sitzt auf einem Pferd mit Sattel und Zaumzeug, im linkem Arm hält er den Bogen mit der Sehne nach oben, an seiner Seite hängt der Köcher, in der linken Hand hält er eine Leine, an der zwei Hunde mitgeführt werden, Blickrichtung nach hinten zu den Hunden; Hunde: groß, Ohren gespitzt, Blickrichtung zu dem Reiter.

Situation: Abgebildet ist das richtige Verhalten im Wald bzw. Bannforst.

Aufgabe 6 erfordert eine nähere Auseinandersetzung mit dem Text und soll anregen, diesen in Beziehung zu weiterführenden Hinweisen zu setzen. Die Aufgabe dient damit auch dem erweiterten Textverstehen und erfordert die Verknüpfung von Informationen aus unterschiedlichen Quellen und deren Abstraktion entlang einer thematischen Fragestellung.

40

6 In dem Text (,Schwabenspiegel') werden *winde*, *bracken* und *îagehvnde* (s. *jagehunt*) genannt. Finden Sie mithilfe der unten angeführten Jagdhundgruppen heraus, um welchen Hund, mit welchen Aufgaben es sich jeweils handeln könnte.

Deutlich wird, dass bereits im Mittelalter eine Spezifikation der Hunde nach ihren Fähigkeiten erfolgte, die jedoch nicht mit der heutigen Rasse-Zucht zu vergleichen ist:

winde = Sie sind schnell, wendig und können gut springen. Ihre Aufgabe ist die Verfolgung des Wildes. (In der Liste ,Windhund', evtl. auch ,Meutehund')

bracke = Ihre Aufgabe ist das Aufspüren des Wildes. (In der Liste ,Lauf- und Jagdhund', ,Stöberhund', ,Erdhund', evtl. auch ,Sauhund')

îagehunt = Es ist zu vermuten, dass damit die Hunde gemeint sind, die enger beim Jäger arbeiten. (In der Liste ,Lauf- und Jagdhund', ,Leit- und Spürhund', Vorstehhund')

Insgesamt werden hier mit der Nennung *winde*, *bracken* und *îagehunde* Qualitäten der Hunde benannt, die man für eine erfolgreiche Jagd benötigt.

42/43

In den Fällen, in denen eine flektierte starke Verbform nicht erkannt wird, wenn sie sich z.B. zum Nhd. hin nicht erhalten hat, ist es notwendig, den Infinitiv bilden zu können, um die Bedeutung des Verbs im Wörterbuch nachschlagen zu können. Daher werden in den beiden folgenden Aufgaben unbekannte und daher oft besonders schwierig zu bestimmende Verben als Beispiele gewählt, damit nicht das Sprachgefühl, sondern die Fähigkeit richtig mit der Ablauttabelle umgehen zu können, das Bilden des Infinitivs ermöglichen.

7 Füllen Sie die freien Felder aus und schlagen Sie die Bedeutung des Verbs im Wörterbuch nach.

Infinitiv	1. Sg.Präs.	1./3. Sg.Prät.	1. Pl.Prät.	Part.Prät.
ë	i	a	â	o
zëmen	zime	zam	zâmen	gezomen

Bedeutung: ziemen, passen

8 Füllen Sie die freien Felder aus und schlagen Sie die Bedeutung des Verbs im Wörterbuch nach. (!)

Infinitiv	1. Sg.Präs.	1./3. Sg.Prät.	1. Pl.Prät.	Part.Prät.
ë	i	a	â	ë
krësen	krise	kras	krâsen	gekrësen
sitzen	sitze	saz	sâzen	gesëzzen

Bedeutung: kriechen

Aufgabe 9 setzt voraus, dass die Studierenden in der Lage sind, die beiden vorliegenden Verbformen richtig zu bestimmen, um sie dann in die korrekte Ablautreihe einzuordnen; diese Aufgabe verfügt daher über ein höheres Anspruchsniveau als die vorangehende, folgt aber derselben didaktischen Zielsetzung.

9 Entscheiden Sie mithilfe der Ablauttabelle (auf dem Beilageblatt bzw. unter (14) in der ‚Grammatik in Tabellen, Listen und Übersichten') in welche der beiden Ablautreihen (IV oder V) die flektierten Verbformen *drasch* und *gerëgen* gehören.

drasch Ablautreihe IV (Infinitiv *drëschen*)
gerëgen Ablautreihe V (Infintiv *rëgen*)

Kapitel 3 Wald und Wildnis
b Wald und Wildnis als phantastischer Raum

Durch das Beantworten einiger Fragen zum Leseverstehen soll das Verständnis des Textes ‚Goldemar' auf inhaltlicher Ebene gewährleistet sein. Wer die Fragen 1 bis 4 sicher beantworten
kann, demonstriert somit, den Text inhaltlich erfasst zu haben. Die einzelnen Fragen beziehen
sich dabei auf unterschiedliche Passagen des Textes, so dass der komplette Text bearbeitet
wird. Das erfolgreiche Lösen ermöglicht dabei zugleich auch unterschiedliche methodische Zu-
griffe: entweder die Paraphrasierung des Inhaltes in eigenen Worten oder die Zitation des mhd.
Textes. Insbesondere bei Aufgabe 2 ist sowohl eine textnahe Beantwortung durch Zitation als
auch eine textferne Beantwortung durch selbständige Formulierung möglich, wobei letztere
einen höheren Grad der Abstraktion voraussetzt, da eine Übersetzung der mhd. Begriffe vorangehen muss.

1 Beschreiben Sie, wie Dietrich von Bern in die *wilde* (v. 3) gelangt.

Dietrich von Bern gelangt in die *wilde* (= ‚Wildnis'), indem er die *rehten* (= ‚richtigen',
d.h. befestigten, breiten) Wege meidet. Das Adverb der Steigerung *dicke* ‚oft' könnte als
Indiz dafür gewertet werden, dass er es absichtlich tut.

2 Listen Sie auf, über welche Eigenschaften Dietrich von Bern verfügt.

degenheit (v. 4, 12), *nôt in strîten leit* (v. 5), *ze strîte kunt* (v. 13), *tugenthaften* (v. 14),
manheit (v. 26), *vermezzen* (v. 32) etc.
Abstraktion: Dietrich von Bern verfügt u.a. über die Eigenschaften Mut, Waghalsigkeit,
Kampfbereitschaft, Tapferkeit, Stärke und Abenteuerlust.

3 Fassen Sie zusammen, was Dietrich über Riesen berichtet wird.

Die Riesen sind groß und leben in einem Wald im Gebirge Trûtmunt. Sie sind mit
großen und langen Stangen bewehrt.

Die Übersetzung ‚Stange' für mhd. *stange* (v. 24) ist nur die wahrscheinlichste von mehreren
möglichen bzw. denkbaren. So kann hier ebenfalls vermutet werden, dass die Riesen mit
‚Keulen' bewaffnet sind; *stange* kann im Mhd. auch ‚Horn' oder ‚Geweih' bedeuten.

4 Wem begegnet er an dem *berc* (v. 27ff.)?

Dietrich trifft dort nicht, wie erwartet, auf Riesen, sondern auf *wildiu* Zwerge, die an bzw. in
einem Berg leben, den sie selbst erschlossen haben. Dietrich sieht sogleich eine junge Dame,
die von den Zwergen bewacht wird.

51 Die folgenden Übungsaufgaben 5 und 6 dienen dazu, in den vorherigen Kapiteln erworbenes Wissen durch Anwendung bzw. Wiederholung und Übung zu festigen sowie unterschiedliche Wissensbereiche miteinander zu vernetzen (starke und schwache Verbflexion und Kontraktion Kap. 3a).

5 Markieren Sie alle schwach bzw. stark flektierten Präteritalformen in der 3.Ps.Sg. (!)

schwach flektierte Formen:
- *kêrte* (v. 3)
- *gevæhte* (v. 8)
- *bræhte* (v. 10)
- *gâhte* (v. 19)
- *wolte* (v. 20, v. 25, v. 35)
- *möhte* (v. 22)
- *vröute* (v. 34)

stark flektierte Formen:
- *reit* (v. 1)
- *vermeit* (v. 2)
- *leit* (v. 5)
- *wart* (v. 9, v. 14)
- *betwanc* (v. 12, v. 26)
- *was* (v. 13, v. 36)
- *vunde* (v. 17)
- *sprach* (v. 20)
- *trüege* (v. 23)
- *vant* (v. 27)
- *ersach* (v. 30)
- *verjach* (v. 31)
- *sæh* (v. 33)

6 Geben Sie für die zwei im Text enthaltenen kontrahierten Formen jeweils die nicht kontrahierte Form des Verbs an. (!)

seit (v. 4) → *saget* (Inf. *sagen*)
lân (v. 35) → *lâzen* (Inf. *lâzen*)

52 Aufgabe 7 leitet die Studierenden an, Bedeutung kontextuell aus der jeweiligen sprachlichen Verwendung zu erschließen. Die vorangehende Graphik bietet eine Orientierungshilfe, so dass die unterschiedlichen Bedeutungen (noch) nicht eigenständig erschlossen werden müssen, sondern eine Auswahl vorgegeben ist, zu der die einzelnen Beispiele lediglich zugeordnet werden müssen.

7 Erklären Sie mithilfe der Graphik, was mit *wilt* bzw. *zam* in den Textbeispielen jeweils gemeint ist.

1. Bezeichnung aller real existierender nicht-menschlicher Lebewesen = alle domestizierten und nicht-domestizierten Tiere
2. Beschreibung eines ungewöhnlichen Verhaltens = ein nicht-domestizierter Vogel wird durch eine menschliche Fähigkeit zutraulich; das Fremde wird vertraut
3. Kontrastierung von Huhn und Schwein = nicht-domestiziertes, wildes und gefährliches Schwein im Gegensatz zum schwachen, domestizierten Huhn
4. Übertragung auf ein Naturereignis = heftige und starke Bewegung der Wolken (Sturm)
5. Beschreibung einer Bedrängnis durch gefährliche und unberechenbare Tiere
6. Übertragung auf ein Naturereignis bzw. ein Fabelwesen = heftiges und beängstigendes Drachenfeuer
7. Beschreibung eines Naturraumes = nicht bewohntes und bebautes Land

8. Beschreibung eines Volkes = unzivilisiertes, unchristliches Volk (Menschlichkeit ist ausschließlich durch die äußere Erscheinung gegeben)
9. Übertragung auf Dichtung = seltsame oder ungefüge Wörter (bzw. Texte oder Textstellen) werden zu einem neuen Ganzen geordnet
10. Beschreibung von Fabelwesen = Fehlen von Zivilisation wird durch äußere, nicht menschenähnliche Erscheinung markiert

Das Erkennen des Modus ist wichtig, um Texte richtig übersetzen zu können, die Formengleichheit zwischen Konjunktiv und Indikativ erschwert dies jedoch häufig und bedarf daher der Problematisierung. Die folgende Übung zur Bestimmung des Modus soll das dafür notwendige Problembewusstsein grundlegen. Die Aufgabe dient dazu, vermitteltes grammatisches Wissen anzuwenden, um Textverstehen zu erleichtern.   **53**

8   Markieren Sie in dem Text (Albrecht von Kemenaten ‚Goldemar‘) die Verbformen, die im Konjunktiv stehen.

Verben im Konjunktiv:
- *geværhte* (v. 8)
- *bræhte* (v. 10)
- *wæren* (v. 16)
- *vunde* (eigentlich *vünde* v. 17)
- *möhte* (v. 22)
- *trüege* (v. 23)
- *sæh* (v. 33)

In den Fällen, in denen eine flektierte starke Verbform nicht erkannt wird, wenn sie sich z.B. zum Nhd. hin nicht erhalten hat, ist es notwendig, den Infinitiv bilden zu können, um die Bedeutung des Verbs im Wörterbuch nachschlagen zu können. Daher werden in den Aufgaben 9 bis 12 unbekannte, oft besonders schwierig zu bestimmende Verben als Beispiele gewählt, damit nicht das Sprachgefühl, sondern die Fähigkeit, richtig mit der Ablauttabelle umgehen zu können, das Bilden des Infinitivs ermöglicht.   **54/55**

9   Füllen Sie die freien Felder aus und schlagen Sie die Bedeutung des Verbs im Wörterbuch nach.

Infinitiv	1. Sg.Präs.	1./3. Sg.Prät.	1. Pl.Prät.	Part.Prät.
î	*î*	*ei*	*i*	*i*
mîden	*mîde*	*meit*	**miten**	**gemiten**

Grammatischer Wechsel zwischen *d* und *t*

Bedeutung: entbehren, Mangel leiden

10 Füllen Sie die freien Felder aus und schlagen Sie die Bedeutung des Verbs im Wörterbuch nach.

Infinitiv	1. Sg.Präs.	1./3. Sg.Prät.	1. Pl.Prät.	Part.Prät.
î	î	ê	i	i
dîhen	dîhe	dêh	digen	gedigen

Grammatischer Wechsel
zwischen *h* und *g*

<u>Bedeutung</u>: Körperlichkeit und Gestalt gewinnen, gedeihen

11 Füllen Sie die freien Felder aus und schlagen Sie die Bedeutung des Verbs im Wörterbuch nach.

Infinitiv	1. Sg.Präs.	1./3. Sg.Prät.	1. Pl.Prät.	Part.Prät.
i	i	a	u	u
glinzen	glinze	glanz	glunzen	geglunzen

<u>Bedeutung</u>: schimmern, glänzen

12 Füllen Sie die freien Felder aus und schlagen Sie die Bedeutung des Verbs im Wörterbuch nach.

Infinitiv	1. Sg.Präs.	1./3. Sg.Prät.	1. Pl.Prät.	Part.Prät.
ë	i	a	u	o
erknëllen	erknille	erknall	erknullen	erknollen

<u>Bedeutung</u>: erhallen

57 Die Aufgaben 13 und 14 dienen dazu, vermitteltes grammatisches Wissen anzuwenden, um Textverstehen durch den Abbau von Fremdheitsbarrieren zu erleichtern; dabei steht hier die Vermittlung und Anwendung von syntaktischem Wissen im Vordergrund. Das Erkennen und Entschlüsseln syntaktischer Strukturen soll helfen, den Text auf struktureller Ebene zu gliedern, um so die richtigen inhaltlichen Bezüge herstellen zu können. Die Studierenden sollen unterschiedliche Arten des Übersetzens ausprobieren, um ein Gefühl zu entwickeln, wie weit eine Übersetzung sich vom Text entfernen darf, ohne dessen Aussage zu verzerren. Dafür sollen die bereits bekannten unterschiedlichen Optionen ausprobiert werden.

13 Suchen Sie die Relativsätze aus dem Text (Albrecht von Kemenaten ‚Goldemar') heraus.

eingeleitet durch Pronomina: *die* (v. 16), *den* (v. 28)
eingeleitet durch relative Adverbien: *dô* (‚als'; v. 3), *dâ* (v. 17), *dar* (v. 19), *swaz* (v. 22)

14 In manchen Fällen ist der relative Satzanschluss noch nicht eindeutig. Die folgenden Beispiele können daher sowohl als zwei Hauptsätze als auch als relatives Satzgefüge übersetzt werden. Probieren Sie beide Möglichkeiten aus.

1a) Da wurde dem *tugenthaften* Mann von großen Riesen berichtet. Diese wären in dem Wald.

1b) Da wurde dem *tugenthaften* Mann von großen Riesen berichtet, die in dem Wald wären.

2a) Das Gebirge heißt Trûtmunt. Dorthin ging der Held sogleich./ Der Held ging sogleich dorthin.

2b) Das Gebirge heißt Trûtmunt, wohin der Held sogleich ging.

3a) Da wurde der Schlachtenlärm überaus laut. Das gesamte Feld bebte. Genauso taten es Berg und Tal.

3b) Da wurde der Schlachtenlärm (so) überaus laut, (so) dass das Feld bebte und auch Berg und Tal.

Die folgenden Übungsaufgaben 15 bis 18 dienen dazu, in den vorherigen Kapiteln erworbenes Wissen durch Anwendung bzw. Wiederholung und Übung zu festigen sowie unterschiedliche Wissensbereiche miteinander zu vernetzen (stV AR V Kap. 3a, stV AR Ia und stV AR IIIa Kap. 3b, Relativsätze Kap. 3b, Adverbien der Steigerung Kap. 4b, ‚falsche Freunde' Kap. 2).

58

15 Bilden Sie den Infinitiv zu den fettgedruckten starken Verben.

geschehen, *rîten*, *vinden*, *erlîden* und *komen*

16 Finden Sie die Relativsätze. (!)

v. 6, v. 9 und v. 17

17 Wie übersetzen Sie *wol* (v. 2, v. 12) und *vil* (v. 9)?

Mögliche Übersetzungen sind hier: ‚etwa', ‚ungefähr', ‚mindestens' (v. 2), ‚wahrhaftig', ‚wirklich' (v. 12), ‚sehr', ‚außerordentlich' (v. 9)

18 Was ist hier mit *arbeît* (v. 13) gemeint?

arbeît kann hier aufgrund des Kontextes z.B. mit ‚Not' oder ‚Mühsal' übersetzt werden.

Kapitel 4 Hof
a Höfische Bildung und Ausbildung

65

Die folgenden Übungsaufgaben dienen dazu, in den vorherigen Kapiteln erworbenes Wissen durch Anwendung bzw. Wiederholung und Übung zu festigen sowie unterschiedliche Wissensbereiche miteinander zu vernetzen (Negation Kap. 3b; Konjunktiv Kap. 3b, Kontraktion Kap. 3a).

1 Suchen Sie die doppelte Negation aus dem Text heraus und übersetzen Sie diese.

*ez gelernete birsen unde jagen/ **nie kein** man sô wol sô er* (v. 31f.):
Kein Mann/niemand lernte jemals so gut pirschen und jagen wie er.

2 Bestimmen Sie die Verbform *waere* (v. 33).

wære (v. 33): 3.Pers.Sg. Prät. Konj. (Infinitiv *sîn/wesen*)

3 Suchen Sie die kontrahierte Verbform heraus und bilden Sie die nicht kontrahierte Form.

leite (v. 1): *legete* (Infinitiv *legen*)

65

Die folgenden Aufgaben führen zum einen in den Umgang mit dem Wörterbuch ein (Aufgabe 4) und schulen damit die Hilfsmittelbenutzungskompetenz und zum anderen wird auf Probleme beim Übersetzen bzw. Ambivalenzen in der Bedeutung schwieriger Wörter (z.B. ‚falsche Freunde') verwiesen (Aufgabe 5). Damit soll aufgezeigt werden, dass es nicht immer möglich ist, zu der ‚einen richtigen' Übersetzung zu gelangen. Vielmehr soll verdeutlicht werden, dass Übersetzen immer auch eine Veränderung des Textes und damit zugleich eine Interpretation darstellt.

4 Markieren Sie alle zu den Lexemen *zunge*, *lërnunge* und *buoche* angegebenen Bedeutungen.

zunge swstf. (BMZ III. 950a) zunge, bes. als werkzeug der sprache, die sprache selbst, der sprechende mensch allgem. in dem munde hiez er hangen eine z. lange GEN. D. 5,17. wis mîn z. und mîn munt! RUL. 55,5. diu zung hât zwaierlai ampt MGB. 14,24ff. Aristoteles gicht, es wær pesser, das ain mensch ân zungen wær als ein storch wann das er zwô zungen solt haben, oder het ain ochsenlange zung und wær doch underweilen stumm VINTL. 8185ff. man sol sich hüeten von ainer zwifachen zung ib. 8790. die zwô zungen in ir munde haben REINH. 349,1589. wîlent was ein munt berihtet wol mit éiner zungen, nû sprechent zwô ûz eime NEIDH. 82,37. einen mit der zungen snîden ib. 93,39 [...] unse z. sol gote sagen danc LIVL. M. 4768. mit gemeiner z. einstimmig GREG. 1834. KRONE 19107. ir gemeiniu z. gap den rât KL. 2038. sie sprâchen mit einer gelîchen zungen APOLL. 3057,(...)er hete manige zungen ertœtet in dem strîte ib. 227 b, bes. die gemeinschaftl. sprache eines volkes PILAT. MAR. EN. TRIST. BARL. PASS. (môrlendische z. H. 296,67). LEYS. tiuschiu z. diu ist arm CRAON 1778 u. anm. BIHTEB. 36. latînischiu z. DIEM. 119,10. in franzischer zungen RUL. 310,10. arâbischiu, windischiu z. WH. v. W. 3427. 4874. mir reden aller zongen wort, die in der werlt sint gehôrt ALSF. G. 7980. 56. ir sprâche wart geteilet in zwô und subinzic zunge GEN. D. 32,12. [...] gt. tuggô (tungô) zu lat. lingua (altlat. dingua), skr. jihvâ (aus skr. dihwa, daghvâ, danghvâ) GSP. 83. FICK 2 86. 757. Z. 1,7. KUHN 7,185.

M. Lexer: Mhd. Handwörterbuch. Bd. 3, Sp. 1178f.

lërnunge stf. (BMZ I. 966b) lirnunge CGM. 17,10 b : das lernen TRIST. BERTH. 112,3. WACK. pr. 57,47. BPH. 4687. WG. 6395. RENN. 16493. APOLL. 1980. PASS. 2,53. SWSP. 313,6. VINTL. Z. 9481 ; ort, wo gelernt wird, schule. die kind in lernunge schicken MONE z. 2,155. gymnasium, lernunge DFG. 262 c ; was gelernt wird, wissenschaft WG. 9196. PASS. K. 412, 36 ; das lehren, der unterricht [...]

M. Lexer: Mhd. Handwörterbuch. Bd. 1, Sp. 1886f.

buoch stn. (BMZ I. 278a) md. bûch ; pl. buoch u. büecher buch, sammlung von gedichten, gesetzen etc., quelle eines gedichtes, die heil. schrift (bes. im pl.). allgem. s. noch der künege buoch ATH. A d , 9. als Karlen buoch gebôt MSH. 2,135 b. daz lebende b. J.TIT. 969. schrîben an sîn gehügede buoch ib. 2680. die gelêrten der buoch ib. 5222. ein b. tihten WARTB. 158,14. an ein buoch schrîben NEIDH. 100,9. in buochen noch in lieden wirt geseit noch gesungen GEO. 356. swaz man von vrouwen ie gesprach an buochen und an lieden TROJ. 19723. [...]

M. Lexer: Mhd. Handwörterbuch. Bd. 1, Sp. 385f.

Auszüge aus: Lexer, Matthias: Mittelhochdeutsches Handwörterbuch. 3 Bde. Nachdruck der Ausgabe Leipzig 1872–1878 mit einer Einleitung v. Kurt Gärtner. Stuttgart 1992.

5 Übersetzen Sie die vorliegende Textstelle und entscheiden Sie sich dabei für die Ihrer Meinung nach hier passende Bedeutung der Lexeme *zunge*, *lërnunge* und *buoche*.

66

do leite er sînen sin dar an	Da verwendete er seinen Verstand
und sînen flîz sô sêre,	und seinen Ehrgeiz so sehr darauf,
daz er der **buoche** mêre	dass er mehr Bücher
gelernete in sô kurzer zît	in so kurzer Zeit las/ studierte,
danne kein kint ê oder sît.	als je ein Kind zuvor oder seitdem.
under disen zwein **lernungen**	Zwischen diesen beiden Wissenschaften,
der **buoche** und der **zungen**	der Bücher und der Sprachen,
so vertete er sîner stunde vil	verbrachte er viele seiner Stunden
an iegelîchem seitspil [...]	mit dem Spielen jeglicher Saiteninstrumente
	(= Musizieren)

Die hier angegebene Übersetzung der vorliegenden Textstelle im Allgemeinen und der fett markierten Lexeme im Besonderen orientieren sich zum einen an den im Wörterbuch angegeben Bedeutungsangaben und zum anderen an den gängigen Übersetzungen der zitierfähigen Editionen des Tristanromans[1]. Neben dem hier angegebenen Übersetzungsvorschlag sind jedoch auch weitere möglich bzw. denkbar, die Probleme bzw. Grenzen der Wörterbücher verdeutlichen. Mhd. Wörterbücher bieten viele Bedeutungen, können aber keinesfalls alle möglichen Bedeutungen eines Lexems angeben, so dass es in Abhängigkeit zum jeweiligen Kontext sinnvoll sein kann, eigene Bedeutungsangaben zu erarbeiten.

Der folgende Vorschlag verdeutlicht, inwiefern es so zu unterschiedlichen Ergebnissen beim Übersetzen kommen kann, wenn *lernunge* nicht verstanden wird als ‚das, was gelernt wird', sondern als ‚Art und Weise, wie gelernt wird'. In der Folge können bzw. müssen dann auch *buoche* und *zungen* anders übersetzt werden.

under disen zwein **lernungen**	*Zwischen diesen beiden Arten den Lernens*
der **buoche** und der **zungen**	*des Lesens/durch Lektüre und der mündlichen Unterweisung*
so vertete er sîner stunde vil	*verbrachte er viele seiner Stunden*
an iegelîchem seitspil [...]	*mit dem Spielen jeglicher Saiteninstrumente (= Musizieren)*

66 Die Bearbeitung von Aufgabe 6 soll zu einem vertieften Textverstehen durch intensive Textarbeit führen. Die Aufgabe kann dabei durch methodisch unterschiedliche Zugänge gelöst werden, die – in relativer Distanz zum Text – auf verschiedenen Ebenen zu verorten sind. Entweder kann die Antwort textnah durch eine Auflistung mhd. Begrifflichkeiten aus dem Text selbst erfolgen oder in einem eigenständig formulierten Fließtext bestehen, der eine größere Distanz zum Text aufweist. Durch die dafür notwendige Übersetzung wird jedoch eine anspruchsvollere Leistung im Bereich des Transfers und der Abstraktion verlangt. In den vorangegangenen Fragen und Aufgaben wurde explizit auf ‚falsche Freunde' und schwierige Wörter hingewiesen, in dieser Aufgabe soll nun eigenständig nach diesen gesucht werden, um bisher abstrakt vermitteltes Wissen konkret anzuwenden.

6 Erstellen Sie eine Liste aller Fertigkeiten und Fähigkeiten, über die Tristan als Ritter verfügen muss. Achten Sie dabei auf Wörter, bei denen Sie ebenfalls verschiedene oder unerwartete Möglichkeiten des Übersetzens (z.B. ‚falsche Freunde') vermuten.

flîz (v. 2)
seitspil (v. 9)
emzekeit (v. 11)
behendeclîche rîten (v. 18)
daz ors ze beiden sîten/ bescheidenlîche rüeren,/ von sprunge ez freche füeren (vv. 19–21)
turnieren (v. 22)
leisieren (v. 22)

---

1 Gottfried von Straßburg: Tristan. Hrsg. v. Karl Marold, unveränd. 5. Abdr. nach dem 3., mit einem auf Grund von Friedrich Rankes Kollation verb. kritischen Apparat. Bes. und mit einem erw. Nachw. vers. v. Werner Schröder. Berlin/ New York 2004; Gottfried von Straßburg: Tristan. Hrsg. v. Peter Ganz, nach der Ausgabe von Reinhold Bechstein, 2 Teile (Deutsche Klassiker des Mittelalters N.F. 4,1/2), Wiesbaden 1978.

sambelieren (v. 23)
wol schirmen (v. 26)
starke ringen (v. 26)
wol loufen (v. 27)
sêre springen (v. 27)
schiezen den schaft (v. 28)
birsen unde jagen (v. 31)
aller hande hovespil (v. 34)

Abstraktion: Tristan erweist sich als äußerst lernbegierig (vv. 1–3), er zeigt eine rasche Auffassungsgabe (v. 4) und investiert viel Zeit und Ehrgeiz in seine Bildung (v. 7). Neben der Fähigkeit, verschiedene Musikinstrumente zu spielen (v. 9) und an höfischen bzw. ritterlichen Spielen/ Beschäftigungen teilzunehmen (v. 34), verfügt Tristan über alle Fertigkeiten, die von einem höfischen Ritter zu erwarten sind: Dazu zählen u.a. der Umgang mit Schild, Speer und Lanze (v. 16f. und v. 28), unterschiedliche Arten das Pferd zu führen (vv. 20–23), Verteidigung und Kampf (v. 26), laufen und springen (v. 27) und die höfische Jagd (v. 38).

Mögliche ‚falsche Freunde‘ bzw. Lexeme, die Probleme beim Übersetzen bereiten könnten:
sin (v. 1) → ‚falscher Freund‘: nicht ‚Sinn‘ sondern u.a. ‚die fünf Sinne, Geist, Verstand, Bewusstsein‘

flîz (v.2) → *flîz* nur unter *vlîz* im Wörterbuch (Lexer) zu finden. Hier muss bereits erworbenes Wissen aus dem Bereich der Schriftzeichen und Aussprachekonventionen angewendet werden, um das Lemma *vlîz* finden zu können. Eine andere Möglichkeit besteht darin, Wissen aus dem Bereich des Lautwandels zu aktivieren (*î* wird zu *ei* diphthongiert), wobei die mhd. und nhd. Bedeutung leicht divergieren.

emzekeit (v. 11) → das Lemma ‚Emsigkeit‘ ist veraltet und die Bedeutung eventuell nicht mehr bekannt, so dass hier im Wörterbuch nachgeschlagen werden muss.

behendeclîche (v. 18) → das Lemma ‚behände‘ ist veraltet und die Bedeutung eventuell nicht mehr bekannt, so dass hier im Wörterbuch nachgeschlagen werden muss.

bescheidenlîche (v. 20) → ‚falscher Freund‘: nicht ‚bescheiden‘ sondern u.a. ‚mit Verstand‘.

freche (v. 21) → ‚falscher Freund‘: nicht ‚frech‘ sondern u.a. ‚mutig, kühn, tapfer‘; zudem ist das Lemma nur unter dem Eintrag *vrech* zu finden, so dass hier wiederum bereits erworbenes Wissen aus dem Bereich der Schriftzeichen und Aussprachekonventionen angewandt werden muss, um den Wörterbucheintrag finden zu können.

Durch tiefgreifenden Kulturtransfer gelangen zwischen dem 12. und 14. Jh. zahlreiche französische Lehnwörter ins Deutsche und bereichern den Wortschatz (vgl. Kap. 4b, S. 84), so dass die folgenden Wörter sehr wahrscheinlich unbekannt sind und im Wörterbuch nachgeschlagen werden müssen:
turnieren (v. 22)
leisieren (v. 22)
sambelieren (v. 23)

67

Im Mhd. gibt es eine Reihe von Genitivkonstruktionen, die Schwierigkeiten beim Übersetzen verursachen und fremd wirken, da sie im Nhd. durch andere Kasus oder Präpositionalphrasen wiedergegeben werden müssen. Die folgende Aufgabe soll diese Fremdheitsbarriere abbauen. Das vermittelte Grammatikwissen soll nun konkret angewendet werden und Textverstehen ermöglichen. Darüber hinaus soll hier exemplarisch das Problembewusstsein für Phänomene des Sprachwandels im Bereich der Syntax grundgelegt werden.

7 Markieren Sie im Text (Gottfried von Straßburg ‚Tristan und Isolde') Stellen, von denen Sie annehmen, dass es sich um Genitive handelt. Ist ein Genitivus partitivus darunter?

der buoche mêre (v. 3) → Genitivus partitivus
diu tete er wol und kunde ir vil (v. 35) → Genitivus partitivus
aller hande hovespil (v. 34)
under disen zwein lernungen/ der buoche und der zungen (v. 6f.)

Während die ersten beiden Konstruktionen als Genitivus partitivus klassifiziert werden können, lässt sich dies für das dritte Beispiel nur eingeschränkt und für den vierten Fall ausschließlich in Abhängigkeit zur Übersetzung (bzw. zur Interpretation) annehmen. Bei der Konstruktion *aller hande* liegt eine zunehmende Verfestigung zu ‚allerhand' vor. Beim vierten Beispiel, kann nur dann ein Genitivus partitivus angenommen werden, wenn *buoche* und *zungen* jeweils als Gesamtmenge gesehen werden, aus denen Tristan im Rahmen der *lernunge* jeweils eine Teilmenge rezipiert.

68

Die Lektüre des Artikels dient der weiteren Schulung der Hilfsmittelbenutzungskompetenz und soll zusätzliche Wege der Informationsbeschaffung aufzeigen. In der Folge besteht hier die Möglichkeit, das durch die Lektüre erlangte Wissen bei der Bearbeitung der nächsten Frage zu nutzen, um das Textverstehen zu erleichtern.

8 Lesen Sie den Artikel ‚Turnier' aus dem ‚Lexikon des Mittelalters' (s. Grundlagenliteratur, Kap. 1).

68

Die folgende Aufgabe soll nicht nur Wissen vermitteln, sondern die Möglichkeit zum Üben und Verknüpfen der bisher eingeführten, methodisch unterschiedlichen Textzugriffe aufzeigen:
• Die Bilder bzw. Illustrationen können als zusätzliche Hilfe bei der Texterschließung genutzt werden.
• Um die Aufgabe lösen zu können, müssen die einzelnen Begriffe in mhd. Wörterbüchern nachgeschlagen werden, so dass hier der Umgang mit diesen geübt werden kann. Zudem ist die Recherche in weiteren Nachschlagewerken und Lexika zum Verfassen der einzelnen Definitionen hilfreich.
• Die beschafften Informationen müssen ausgewertet und im Hinblick auf die Aufgabenstellung reduziert werden.

9 Schlagen Sie die hervorgehobenen Wörter in einem Wörterbuch nach. Notieren Sie sich Bedeutungen bzw. kurze Definitionen und versuchen Sie, die beschriebenen Gegenstände in den Bildausschnitten zu verifizieren.

helm → Bedeutung: ‚Helm', Definition: Aus Stahl gefertigte Kopfbedeckung des Ritters zum Schutz im Kampf; Lösen des Helms kann als Zeichen der friedlichen Gesinnung oder der Ehrerbietung verstanden werden. → Helme unterschiedlicher Art sind auf allen Bildausschnitten zu erkennen.

brünne → <u>Bedeutungen</u>: ‚Panzerhemd‘, Brustharnisch‘, <u>Definition</u>: Sammelbezeichnung für unterschiedliche Arten der Körperpanzerung; häufig werden Kettenhemden und andere Arten der Panzerung mit der Brünne verwechselt oder gleichgesetzt. Eine spezielle Art der *brünne* ist die sog. Helmbrünne, die dem besonderen Schutz von Kopf, Hals und Schulterpartie dient. → Die Helmbrünne lässt sich besonders gut auf der Abbildung aus dem Codex Balduini Treverensis erkennen, sie könnte aber auch auf dem Bildausschnitt aus dem Codex Jenensis Bose q. 6 oder dem Eneasroman dargestellt sein.

choferture → <u>Bedeutungen</u>: ‚schützende und schmückende Verdeckung des Rosses‘, ‚Schabracke‘, ‚Pferde-‘, Wappen- oder Satteldecke‘ <u>Definition</u>: Pferdedecke, die Schmuck und Schutz zugleich sein kann und zusätzlich über Herkunft des Reiters/Ritters Auskunft gibt bzw. geben kann. → Besonders gut zu erkennen ist die *covertiure* als Wappendecke auf dem Bildausschnitt aus dem Codex Manesse; als Schutz bzw. Panzerung des Pferdes kann man sie auf dem Bildausschnitt aus dem Eneasroman erkennen, was insbesondere dadurch deutlich wird, dass auch die Köpfe der Pferde geschützt sind.

îsengewant → <u>Bedeutung</u>: ‚(Eisen-)Rüstung‘ <u>Definition</u>: Schutzpanzer aus Metallplatten, der ab dem 12. Jh. die Kettenhemden ersetzte, die keinen ausreichenden Schutz gegen moderne Waffen, wie z.B. die Armbrust, boten. Zuerst wurde nur der Oberkörper, später auch Arme und Beine durch die Rüstung geschützt, die bis zu einem Zentner wiegen konnte. → Eine wirkliche Rüstung aus Metallplatten lässt sich auf keinem der Bildausschnitte eindeutig verifizieren, die meisten Ritter werden auf den Bildausschnitten durch das Kettenhemd (als Vorgänger der Rüstung) geschützt.

bukkel → <u>Bedeutungen</u>: ‚halbrund erhabener Metallbeschlag in der Mitte des Schildes‘, ‚Schildbuckel‘, ‚Schildbeschlag‘ <u>Definition</u>: Ursprünglich (also bereits in der Antike bei den römischen Soldaten) war der Schildbuckel eine Kalotte (Kugelhaube) aus Eisen oder Bronze, die zum Schutz der Faust auf den Schild genietet wurde. Ab dem 11. Jh. änderte sich, bedingt durch die Einführung des Normannenschildes, die Grifftechnik, so dass die Schutzfunktion überflüssig wurde und dem Schildbuckel zunehmend nur eine verzierende Funktion zukam. → Auf den Bildausschnitten lassen sich zahlreiche Verzierungen, jedoch keine Buckel auf den Schilden erkennen.

wâpenroc → <u>Bedeutungen</u>: ‚über den Panzer gezogenes Oberkleid‘ (meist aus Seide und schön verziert), ‚Waffenrock‘, ‚Obergewand über der Rüstung‘ <u>Definition</u>: Der Waffenrock war zumeist aufwändig verziert und gab Auskunft über die Herkunft des jeweiligen Ritters, so dass im Kampf zwischen den eigenen Leuten und den gegnerischen Anhängern unterschieden werden konnte. → Waffenröcke lassen sich auf den Bildausschnitten folgender Codices eindeutig erkennen: Cpg. 112, Cpg. 848, mgf. 282 und Codex Balduini Treverensis; Verzierungen zeigen die Darstellungen im Eneasroman und in dem Codex Manesse.

schilt → <u>Bedeutungen</u>: ‚Schild‘ (sowohl im wörtlichen als auch im übertragenen Sinne ‚Schutz‘), ‚Wappen‘ <u>Definition</u>: Der Schild wird als Schutzwaffe verwendet und dient im Nahkampf der Abwehr des Gegners oder dem Schutz vor feindlichen Geschossen, er gehört zu den ältesten Waffen innerhalb der Kriegsführung. Die Form des Schildes differiert abhängig von der Zeit seines Gebrauchs und seiner Herkunft. Verzierungen und Wappen geben Auskunft über die Herkunft des Besitzers und dienen zu dessen Erkennung. → Schilde lassen sich auf allen Bildausschnitten außer dem des Cod. Jenensis Bose q. 6 verifizieren; die Schilde im Cpg. 112 zeigen keine Verzierungen oder Wappen.

sper → <u>Bedeutungen</u>: ‚Speer‘, ‚die ritterliche Waffe zu Wurf und Stoß‘, ‚Lanze‘, ‚Speerspitze‘, ‚Speerlänge‘ <u>Definition</u>: Der Speer ist eine Wurf- und Stichwaffe, aufgrund seiner Zugehörigkeit zu den Stangenwaffen und seiner Konstruktion allerdings besonders gut zum Werfen geeignet. Im Mittelalter wurde der Speer nach und nach durch die Lanze ersetzt, die die Funktion einer Stichwaffe hat. → Speere oder Lanzen lassen sich auf den Bildausschnitten zu dem Rolandslied und dem Eneasroman erkennen.

ringe → <u>Bedeutungen</u>: ‚Ring‘, ‚Kreis‘; hier: ‚Panzerring‘, ‚(Ketten-)Panzer‘ <u>Definition</u> Der Kettenpanzer meint das Kettenhemd bzw. historisch korrekt das Ringpanzerhemd, das aus vielen einzelnen Metallringen besteht und dem Schutz des Trägers dient. Es dämpft Stöße, die z.B. durch ein Schwert beigebracht werden. → Ringpanzerhemden lassen sich eindeutig auf den Bildausschnitten zur Weltchronik und dem Eneasroman verifizieren.

Bei *ringe* handelt es sich um eine flektierte Form (Akk.Pl.); um das Lemma im Wörterbuch finden zu können, muss hier der Nominativ Singular gebildet werden, wobei auf die graphische Realisierung der Auslautverhärtung im Mhd. geachtet werden muss. Der Wörterbucheintrag ist dem entsprechend *rinc*.

zimier → <u>Bedeutungen</u>: ‚Helmschmuck und sonstiger ritterlicher Aufputz an Mann und Ross‘ (auch Schmuck überhaupt), ‚Zimier‘, ‚Helmzier‘ <u>Definition</u>: Das Helmzimier ist ein Objekt, das als Bestandteil eines Wappens auf einem Helm befestigt wurde und der Identifizierung des Trägers dient. Handelt es sich bei diesem Helmschmuck um ein Tier, entspricht dessen Blickrichtung der des Helmträgers. → Beispiele für ein Helmzimier lassen sich im Codex Manesse und im mgf. 282 finden.

ſwerten → <u>Bedeutung</u>: ‚Schwert‘ <u>Definition</u>: Schwerter wurde selten im Turnier aber häufig in Gerichtskämpfen und kriegerischen Auseinandersetzungen als Hieb- und Stichwaffe benutzt – im Krieg insbesondere dann, wenn Lanze bzw. Speer verloren gingen. Im Hochmittelalter wurde in Westeuropa in der Regel ein einhändig zu führendes Schwert verwandt. Ein mittelalterliches Schwert konnte schwere Verletzungen zufügen und die schwere Panzerung der Ritter durchstoßen. Das Schwert ist zudem eine höfische Waffe, die seinen Träger als Ritter definiert. → Abbildungen von Schwertern finden sich in der Weltchronik, dem Eneasroman und im Codex Balduini Treverensis.

Kapitel 4 Hof
b Höfische Kurzweil

Frage 1 dient dem Textverstehen. Das hier gewählte Verfahren erfordert dabei eine tieferge-hende Auseinandersetzung mit dem Text, da eine Aussage nur mit falsch bewertet werden kann, wenn die korrespondierende Textpassage richtig verstanden wurde und die falsche Aus-sage dem entsprechend korrigiert werden kann. Aus diesem Grund wurden die Korrekturen der falschen Aussagen hier als zusätzliche Hilfestellung mit aufgenommen.

1 Lesen Sie den Text genau und bewerten Sie folgende Aussagen mit r (= richtig) oder f (= falsch) und unterstreichen Sie die Stellen im Text, die Grundlage Ihrer Entscheidung sind.

Nach dem Mahl werden die Tische weggetragen.   **r** (v. 14ff.)

Nach dem Turnier findet ein Festmahl statt.   **f** (v. 17ff.)
→ Das Festmahl findet vor dem Turnier statt.

König Artus nimmt aktiv am Turnier teil.   **r** (v. 26f.)

Die Frauen schauen beim Turnier zu.   **r** (v. 33)

Das Turnier findet im Burghof statt.   **f** (v. 28)
→ Das Turnier findet *bî dem ringe ûf dem anger* statt, womit ein
   Platz vor der Burg gemeint ist, auf dem vermutlich ein Kreis (*rinc*)
   für das Turniergeschehen abgegrenzt wurde.

Die Ritter reiten geschickt und nach ritterlicher Art.   **r** (vv. 28–30)

Die Ritter kämpfen zu Fuß gegeneinander.   **f** (v. 32)
→ Die Ritter kämpfen auf Pferden gegeneinander.

Harfenspieler spielen zum Tanz auf.   **f** (v. 41)
→ *videlaere* (Fiedler) spielen zum Tanz auf.

Der Hinweis auf die ‚falschen Freunde' wird in Aufgabe 2 mit dem Auftrag verbunden, die in-haltlichen Veränderungen zu beschreiben, um Prinzipien des semantischen Wandels zu ver-deutlichen. Ziel ist zu erkennen, dass sich sowohl die Konnotation von Worten als auch ihr Be-deutungsumfang verändern kann. Zudem wird weiterhin der Umgang mit dem mhd. Wörterbuch geschult, auch das Nachschlagen in einem nhd. Wörterbuch ist hier notwendig, um die Bedeutungsdifferenz eindeutig bestimmen zu können.

2 Der Text enthält eine Reihe von ‚falschen Freunden'. Suchen Sie zu *kluoc* (v. 5), *wirtschaft* (v. 8) und *phlegen* (v. 22) jeweils die mhd. Bedeutungen aus dem Wörterbuch heraus und kontrastieren Sie diese mit der/den nhd. Bedeutung(en). Beschreiben Sie die inhaltlichen (semantischen) Veränderungen.

kluoc → <u>Bedeutungen mhd.</u>: ‚fein', ‚zierlich', ‚zart', ‚schmuck', ‚hübsch', ‚stattlich von Menschen'; <u>Bedeutung nhd.</u>: ‚klug' (‚mit scharfem Verstand oder logischem Denkvermögen begabt bzw. davon zeugend', ‚intelligent'); <u>semantischer Wandel</u>: Nicht mehr die äußeren Merkmale eines Menschen werden bezeichnet, sondern die intellektuelle Fähigkeit; sowohl die mhd. als auch die nhd. Bedeutung sind positiv konnotiert.

wirtschaft → <u>Bedeutungen mhd.</u>: ‚Tätigkeit des Hausherren, des Wirtes oder des Schenkwirtes', ‚Bewirtung und was zur Bewirtung gehört', ‚Gastmahl', ‚Gasterei', ‚Schmaus', ‚Fest', ‚festliche Freude'; <u>Bedeutungen nhd.</u>: ‚Gesamtheit der Einrichtungen und Maßnahmen, die sich auf Produktion und Konsum von Wirtschaftsgütern beziehen', Kurzform von ‚Landwirtschaft' und ‚Gastwirtschaft'; <u>semantischer Wandel</u>: Die mhd. Bedeutung findet sich heute partiell (Aspekt der Bewirtung und des (Gast-)Mahls) noch in ‚Wirtschaft' als Kurzform zu ‚Gastwirtschaft', im Nhd. findet sich ‚Wirtschaft' zusätzlich als Bezeichnung des ökonomischen Systems.

phlëgen → <u>Bedeutungen mhd.</u>: ‚wofür sorgen', ‚sich mit freundlicher Sorge annehmen', ‚pflegen', ‚als Geschäft bzw. als Pflicht besorgen', ‚Aufsicht haben', ‚behüten', ‚beschützen', ‚umgehen mit', ‚betreiben', ‚üben', ‚tun'; <u>Bedeutungen nhd.</u>: ‚sich um jemanden sorgen, der krank oder gebrechlich ist, um ihn in einen möglichst guten gesundheitlichen Zustand zu bringen oder darin zu erhalten', ‚zur Erhaltung eines guten Zustandes mit den erforderlichen Maßnahmen behandeln', ‚sich um die Erhaltung von etwas Geistigem bemühen', ‚die Gewohnheit haben, etwas Bestimmtes zu tun'; <u>semantischer Wandel</u>: Im Nhd. sind viele mhd. Bedeutungen unüblich geworden, ‚pflegen' wird zumeist nur noch verwendet, um zu beschreiben, dass man sich um jemanden oder etwas kümmert, um seinen Zustand aufrecht zu erhalten oder zu verbessern; der Bedeutungsumfang ist im Nhd. also geringer als im Mhd.

75

Die folgenden Übungsaufgaben 3 bis 7 sollen dazu dienen, in den vorherigen Kapiteln erworbenes Wissen durch Anwendung bzw. Wiederholung und Übung zu festigen sowie unterschiedliche Wissensbereiche miteinander zu vernetzen (stV AR Ia, IV und V Kap. 3a und 3b; Präteritopräsentien Kap. 2; kontrahierte Verben Kap. 3a und adverbial eingeleitete Relativsätze Kap. 3b).

3 Bilden Sie zu den starken Verben *geschach* (v. 17), *sach* (v. 18) und *zam* (v. 33) den Infinitiv.

geschach → Infinitiv *geschëhen* (AR V)
sach → Infinitiv *sëhen* (AR V)
zam → Infinitiv *zëmen* (AR IV)

4 Bestimmen Sie das Tempus der Verbform *reit* (v. 27).

reit = Präteritum (AR Ia; Infinitiv *rîten*)

5 Welche Bedeutung hat das Präteritopräsens *moht* (v. 48, Inf. *mugen*) abweichend vom Neuhochdeutschen in diesem Text (vgl. Kap. 2)? (!)

moht muss hier mit ‚können' und nicht mit ‚mögen' übersetzt werden.

6 Bei *lie* (v. 36) handelt es sich um ein kontrahiertes Verb (vgl. Kap. 3a). Welcher Infinitiv liegt zugrunde?

lie: Infinitiv *lân* (kontrahierte Form) – *lâzen* (nicht kontrahierte Form)

7 Übersetzen Sie vv. 35–37 unter Berücksichtigung des adverbial eingeleiteten Relativsatzes in v. 36 (vgl. Kap. 3b).

- Artus ging mit den Rittern (*den werden*) dorthin, wo er die Königin mit vielen anderen strahlend schönen Damen zurück gelassen hatte.

Die Beschäftigung mit *âventiure* soll die Studierenden anleiten, die Bedeutung sowie die Funktion eines Wortes kontextuell aus seiner jeweiligen sprachlichen Verwendung zu erschließen, wobei die Graphik eine Orientierungshilfe bietet. Die unterschiedlichen Bedeutungen und Funktionen müssen hier (noch) nicht eigenständig erschlossen, sondern einer vorgegebenen Auswahl zugeordnet werden (vgl. Kap. 3b). Im Sinne einer Progression wird hier exemplarisch zum ersten Mal ein zentraler Begriff der höfischen Epik in seiner Bedeutungsvielfalt eingeführt und darauf aufmerksam gemacht, dass über die sprachliche Verwendung nicht nur die Bedeutung, sondern auch die Funktion eines Wortes bestimmt werden kann.   **77**

8 Überlegen Sie, welche Bedeutung bzw. Funktion der Begriff *âventiure* in den folgenden Textstellen hat und tragen Sie die Nummer des Textbeispiels in das jeweils passende Feld ein.

‚ritterliche Herausforderung'	1
‚Wunder, Zeichen'	3
‚Schicksal'	5
Personifikation	4
‚Bericht, Erzählung'	6
Überschrift (über einem Textabschnitt)	2

Aufgabe 9 dient dazu, vermitteltes grammatisches Wissen anzuwenden, um Textverstehen durch den Abbau von Fremdheitsbarrieren zu erleichtern. Einige der Adverbien, die im Mhd. zur Steigerung verwendet werden können, werden im Nhd. nicht mehr in dieser Funktion benutzt. Ausgehend von dem angegebenen Beispiel sollen eigene Vorschläge entwickelt werden, wie diese Adverbien dennoch angemessen übersetzt werden können, ohne ihre Funktion der Steigerung zu verlieren.   **78**

9 Verdeutlichen Sie durch eine Übersetzung, inwiefern die Adverbien hier zur Steigerung dienen.

*Do wart ir vreude **harte** groz* → Da wurde ihre Freude **sehr/überaus/äußerst** groß.
*daz lebn waſ **gnŏc** kŭmberlich* → Das Leben war **sehr/überaus/hinreichend** kummervoll.
*daz ſie **al** bloz vor in lac* → …, dass sie **ganz nackt/vollkommen entblößt** vor ihnen lag.

*Dy magt ſy begunde/ **Vil** ſere weinen da ceſtunt* → Das Mädchen begann um diese Zeit/ sofort **heftig** zu weinen.

*ſi ne habent geſin noch gedanch./ ſi ſint **gar** unraine.* → Sie haben weder Verstand noch die Fähigkeit zu denken, sie sind **gänzlich/ganz** böse.

78/79

In den Fällen, in denen eine flektierte starke Verbform nicht erkannt wird, wenn sie sich z.B. zum Nhd. hin nicht erhalten hat, ist es notwendig, den Infinitiv bilden zu können, um die Bedeutung des Verbs im Wörterbuch nachschlagen zu können. Daher werden in den folgenden Aufgaben 10 bis 12 unbekannte und daher oft besonders schwierig zu bestimmende Formen als Beispiele gewählt, damit nicht das Sprachgefühl, sondern die Fähigkeit, richtig mit der Ablauttabelle umgehen zu können, das Bilden des Infinitivs ermöglicht.

10 Füllen Sie die freien Felder aus und schlagen Sie die Bedeutung des Verbs im Wörterbuch nach.

Infinitiv	1. Sg.Präs.	1./3. Sg.Prät.	1. Pl.Prät.	Part.Prät.
ie	iu	ô	u	o
diezen	diuze	dôz	duzen	gedozen

Bedeutung: laut schallen, schmettern

11 Füllen Sie die freien Felder aus und schlagen Sie die Bedeutung des Verbs im Wörterbuch nach.

Infinitiv	1. Sg.Präs.	1./3. Sg.Prät.	1. Pl.Prät.	Part.Prät.
ie	iu	ou	u	o
liegen	liuge	louc	lugen	gelogen

Auslautverhärtung g → c

Bedeutung: eine Unwahrheit sagen, lügen

12 Füllen Sie die freien Felder aus und schlagen Sie die Bedeutung der beiden Verben im Wörterbuch nach.

VI	Infinitiv	1. Sg.Präs.	1./3. Sg.Prät.	1. Pl.Prät.	Part.Prät.
Infinitiv-Vokal: a	a	a	uo	uo	a
	schaben	schabe	*schuop*	schuoben	geschaben
Auslautverhärtung b → p Bedeutung: kratzen, radieren					
oder e Part.-Prät.-Vokal: a	e	e	uo	uo	a
	beteben	betebe	*betuop*	betuoben	betaben
Auslautverhärtung b → p Bedeutung: über etwas fahren, drücken					

81

Aufgabe 13 folgt denselben Zielsetzungen wie Aufgabe 7 in Kap. 4a, im Sinne der spiralförmig verlaufenden Progression ist hier jedoch ein höheres Anspruchsniveau anzusetzen, das sich insbesondere durch die zusätzlichen Informationen und den konkreten Übersetzungsauftrag ergibt. Im Mhd. gibt es eine Reihe von Genitivkonstruktionen, die Schwierigkeiten beim Übersetzen verursachen und fremd wirken, da sie im Nhd. durch andere Kasus oder Präpositionalphrasen wiedergegeben werden müssen. Die folgende Aufgabe soll diese Fremdheitsbarriere abbauen. Das vermittelte Grammatikwissen soll hier konkret angewendet werden und Textverstehen ermöglichen. Darüber hinaus soll hier das Problembewusstsein für Phänomene des Sprachwandels im Bereich der Syntax weiter ausgebaut werden.

13 Übersetzen Sie die Textstellen aus Pleiers ‚Garel von dem blühenden Tal', indem Sie den Genitiv durch einen anderen Kasus oder eine Präpositionalkonstruktion ersetzen.

... mit manegem ritter ellens rîch (v. 3) → ... mit vielen sehr mutigen Rittern/ ... mit vielen Rittern, die reich an Mut waren

er het sich bewegen der koste (v. 12f.) → Er wandte sich dem Essen zu.

den künic lützel des verdrôz (v. 10) → Den König langweilte dies gar nicht.

er hiez vil wirdiclîchen phlegen des hers (v. 11f.) → Er befahl, das Heer besonders ehrenvoll zu versorgen.

si wolten bûhurdierens phlegen (v. 22f.) → Sie wollten den *bûhurt* beginnen.

Kapitel 5 Macht

a Recht und Ordnung

Bei der Bearbeitung von Aufgabe 1 sollen die Studierenden für den Umgang mit regionalen Merkmalen sensibilisiert werden. Wörterbücher geben i.d.R. eine normalisierte Form an, so dass das hier vermittelte Wissen notwendig ist, um regionale Formen, die in handschriftennahen Editionen oder Transkriptionen enthalten sind, eigenständig normalisieren zu können, um sie dann im Wörterbuch nachzuschlagen.

Im Folgenden wird eine Auswahl möglicher Lösungen geboten. Neben der Transformation des jeweiligen regionalen Merkmals wird hier in einigen Fällen weiteres Wissen hinsichtlich der Normalisierung abgefragt, das sich u.a. aus der Kenntnis um die mhd. Schriftzeichen und deren Aussprache ableiten lässt (vgl. Kap 1). So ist es z.B. wichtig zu wissen, dass <v> auch für den Vokal /u/ stehen kann, um *chovf* zu *kouf* transformieren zu können.

1 Suchen Sie jeweils Beispiele zu den genannten dialektalen Merkmalen aus dem Text heraus und füllen Sie die Tabelle aus.

Textbeispiel	Transformation: $p \rightarrow b$; $ai \rightarrow ei$; $ch \rightarrow k$	Lemma im mhd. Wörterbuch
purger	burger	burgære/burger, borgâre, purgâre
maiſter	meister	meister
gezaichent	gezeichent	zeichen, zeichenen
haizen	heizen	heizen
erchenne	erkenne	erkennen
chlein	klein	kleine, klein
penke	benke	banc
brotchovf	brotkovf	brôtkouf
...	...	...

Die Aufgaben 2 bis 5 dienen dem Textverstehen. Die Beantwortung der Fragen setzt dabei die Gliederung des Textes voraus und bedingt daher eine intensive Auseinandersetzung mit dem Text. Zudem besteht auch hier wiederum die Möglichkeit, die Fragen in relativer Distanz zum Text zu beantworten: entweder textnah durch das Anführen von Textpassagen oder textfern durch das Wiedergeben der einzelnen Sachverhalte in eigenen Worten. Die textferne Beantwortung verlangt eine größere Abstraktionsleistung.

87

Die hier angegebene Lösung präsentiert eine Mischung aus beiden Varianten, stellt jedoch in allen Punkten den Verweis auf die betreffenden Textpassagen her.

2 Benennen Sie die *maister vber daz brôt* und die *Meister vz den Becken* (Z. 1–15).

maister vber daz brôt:

– *wolflein den Sachſen* – *Heinrich den Eiſvogel*	In Sande Seboltes pharre
– *Heinrich den Regnolt* – *Heinrich von Swabach*	In Sande Lovrenzin pharre

Meister vz den Becken:

– *den Pynzberger* – *Gotfrid an dem weinmarkt*	In Sande Seboltes pharre
– *Beſolt den Biſſcholf* – *den Wenger*	In ſande Laurenzen pharre

3 Beschreiben Sie, welche Aufgaben dieses Gremium hat.

Z. 15–24: Das Gremium soll gewährleisten, dass man aus feinem Weizenmehl oder aus grobem Mehl ein Brot für den Verkaufspreis von einem Pfennig backt und diese Brote durch Deklarierung klar voneinander zu unterscheiden sind. Darüber hinaus muss das Gremium überwachen, dass beide Mehlsorten nicht vermischt werden.

Z. 32–34: Die Meister müssen die Bäcker zwingen, ihre zu klein gebackenen Waren als solche zum Verkauf anzubieten bzw. auf die Verkaufstheke zu legen.

Z. 48–50: Das Gremium soll täglich die Ware kontrollieren.

Zusammenfassung: Das Gremium, das aus vier Meistern über das Brot und vier Bäckermeistern zusammengesetzt ist, muss die Qualität des Brotes (Zusammensetzung der Zutaten bzw. Wahl des Mehls) und die Einhaltung des vorgegebenen Verkaufspreises überwachen. Als Instrument der Überwachung dient der tägliche stichprobenartige Brotkauf.

Neben diesen Aufgaben, die sich explizit aus der Formulierung des Textes ergeben, lassen sich dem Gremium jedoch implizit weitere Aufgaben zuordnen, auch wenn die Aussagen an entsprechenden Stellen unpersönlich sind. Zu diesen weiteren Aufgaben gehören u.a. die Überwachung der Kennzeichnung der Brote hinsichtlich ihrer Größe und ihres Gewichtes, die Kontrolle über die Einhaltung der Einfuhrbedingungen des Brotes, die Aufsicht über die Einhaltung der Hygienevorschriften und das Verhängen von Strafen bei Verstößen gegen die einzelnen Auflagen.

4 Erklären Sie das Verhältnis von Größe des Backwerks und Preis im Fall zu klein gebackener Brote.

Z. 35–39: Man erhält fünf Brote für den Preis von vieren. Wer Brot für den Preis von einem Pfennig kaufen möchte, erhält ein Viertel Brot mehr, bei einem Preis von zwei Pfennigen ein halbes Brot mehr.

5 Listen Sie auf, welche Verstöße gegen die Satzung auf welche Art und Weise geahndet werden.

Wird festgestellt, dass ein Bäcker (bewusst oder unbewusst) zu kleines Brot zum Verkauf anbietet, muss er sechs Pfennige Bußgeld zahlen (Z. 28–31); zusätzlich muss er seine Ware zu einem ermäßigten Preis anbieten, d.h. er muss z.B. fünf seiner Brote für den offiziellen Verkaufswert von vier Broten verkaufen (vgl. Frage 4). Weigert der Bäcker sich, sein Brot unter diesen Konditionen zu verkaufen bzw. auf der Verkaufstheke anzubieten oder nimmt er einen Teil seiner Ware wieder mit nach Hause, muss er ein weiteres Bußgeld in der Höhe von 60 Pfennigen entrichten (Z. 39–46). Verstößt einer der Angestellten des Bäckers gegen diese Verordnung, wird er als Bestrafung ‚geschupft‘, das bedeutet, er wird in der Öffentlichkeit körperlich gestraft und gedemütigt (Z. 46f.).

Bäcker, die innerhalb von zwei Meilen außerhalb der Stadt wohnen, sind denselben Regelungen unterworfen wie die städtischen Bäcker.

Bäcker, die mehr als zwei Meilen außerhalb der Stadt wohnen und Brot in die Stadt bringen wollen (= unerlaubte Einfuhr von Brot) werden bestraft, indem 30 ihrer Brote in zwei Stücke zerschnitten werden (Z. 52–60).

Legt ein Bäcker kein Tuch unter sein Brot (= Verstoß gegen die Hygiene) muss er 6 Pfennige Bußgeld entrichten (Z. 60–63).

88   Aufgabe 6 verweist auf das Problem der Polysemie und soll zeigen, dass Schwierigkeiten beim Verstehen bzw. Übersetzen eines mhd. Textes ganz unterschiedliche Ursachen haben können, wie bisher z.B. anhand von Archaismen, ‚falschen Freunden‘ oder dialektaler Varianz verdeutlicht wurde.

6 Welche Bedeutung haben die Wörter *becke* (Z. 32) und *becke* (Z. 60f.) im Satzungbuch der Stadt Nürnberg?

Z. 32: Backwerk
Z. 60f.: Bäcker

Das Anspruchsniveau der Aufgabe 7 ist als sehr hoch anzusetzen und es ist davon auszugehen, dass eine Bearbeitung unterschiedliche Ergebnisse zeitigen kann. Dies liegt zum einen an der Syntax des gewählten Textauszuges, die die Konstruktion unterschiedlicher Bezüge ermöglicht; zum anderen an der Schwierigkeit, mhd. rechtlich relevante Begriffe eindeutig ins Nhd. zu übertragen, da sich dabei häufig unterschiedliche Arten der Übersetzung anbieten. Das didaktische Ziel dieser Aufgabe ist es, eben diese Komplexität exemplarisch anhand eines Rechtstextes aufzuzeigen. Durch die Übersetzung erfordert die Lösung dieser Aufgabe erstens eine Reflexion der beschriebenen Probleme und zweitens die Notwendigkeit, sich auf Grundlage dieser Reflexion auf eine der möglichen Übersetzungen festzulegen. Der zweite Teil der Aufgabe ist einfacher zu beantworten und zeigt, dass auch ein oberflächlicheres Verständnis des Textes ausreichen kann, um basale Aussagen zu abstrahieren.

89

7 Übersetzen Sie die vorliegende Textstelle und erklären Sie, wodurch ein Gesetz rechtskräftig wird. (!)

Im Folgenden werden entsprechend der vorangegangenen Ausführungen unterschiedliche Lösungen angeboten und kurz erklärt, um in Auswahl das Spektrum der möglichen Bearbeitungen aufzuzeigen:

rechtlich relevante Begriffe und mögliche Übersetzungen:

notdurft:
– allgemeine Notwendigkeit
– Bedarf des allgemeinen täglichen Lebens
– allgemeine Grundsicherung

guot:
– Besitz
– Besitzverhältnisse

nutz:
– Nutzung
– Nutzungsrechte

fride:
– Rechtssicherheit
– Friede

gemach armer vnd richer:
– zum Vorteil Armer und Reicher
– zum Vorteil Aller

Syntaktischer Bezug:

a. Aufzählung
notdurft, guot, nutz, fride und gemach armer vnd richer

b. Abhängigkeit
notdurft über *guot, nutz, fride, gemach armer vnd richer*

Übersetzung 1 (syntaktische Aufzählung)
Wir, Otto, von Gottes Gnaden Bischof zu Würzburg, verkünden (hiermit) allen, die diese Gesetze lesen oder vorgelesen bekommen, dass wir zusammen mit unserem vereidigten Rat aufgrund der allgemeinen Grundsicherung, des Besitzes, der Nutzung, des Friedens und zum Vorteil Aller in unserer Stadt Würzburg Gesetze erlassen haben, die folgend niedergeschrieben sind. Wir erwarten und befehlen, dass man diese Gesetze stetig, unwiderruflich und unverbrüchlich einhält.

<u>rechtlich relevante Begriffe und mögliche Übersetzungen:</u>

notdurft:
– allgemeine Notwendigkeit
– Bedarf des allgemeinen täglichen Lebens
– allgemeine Grundsicherung

guot:
– Besitz
– Besitzverhältnisse

nutz:
– Nutzung
– Nutzungsrechte

fride:
– Rechtssicherheit
– Friede

gemach armer vnd richer:
– zum Vorteil Armer und Reicher
– zum Vorteil Aller

Syntaktischer Bezug:

a. Aufzählung
*notdurft, guot, nutz, fride und
gemach armer vnd richer*

b. Abhängigkeit
notdurft über *guot, nutz, fride,
gemach armer vnd richer*

<u>Übersetzung 2</u> (syntaktische Abhängigkeit)
Wir, Otto, von Gottes Gnaden Bischof zu Würzburg, verkünden (hiermit) allen, die diese Gesetze lesen oder vorgelesen bekommen, dass wir zusammen mit unserem vereidigten Rat aus allgemeiner Notwendigkeit über Besitzverhältnisse, Nutzungsrechte, Frieden und zum Vorteil Aller in unserer Stadt Würzburg Gesetze erlassen haben, die folgend niedergeschrieben sind. Wir erwarten und befehlen, dass man diese Gesetze stetig, unwiderruflich und unverbrüchlich einhält.

Erklärung: Damit die hier angesprochenen Gesetze rechtskräftig werden, müssen sie zuerst erlassen werden, d.h. sie müssen vom Bischof und dem ihm durch Eid verpflichteten Rat beschlossen werden. Im Anschluss daran werden die Veröffentlichung und die dafür notwendige schriftliche Fixierung als Bestandteil des Rechtaktes beschrieben, so dass jeder die Gesetze lesen oder vorgelesen bekommen kann.

90   Im Gegensatz zum Nhd. können die Kardinalzahlen 4 bis 12 im Mhd. auch adjektivisch flektiert werden, so dass diese dem Nhd. fremden flektierten Formen beim Übersetzen Schwierigkeiten bereiten können. Das hier vermittelte Wissen und dessen konkrete Anwendung sollen diese Schwierigkeiten von Beginn an ausschließen und den Wiedererkennungswert flektierter Kardinalzahlen bei der Lektüre anderer Texte gewährleisten.

8   Markieren Sie alle Zahlen in dem Text (Satzungsbuch der Stadt Nürnberg) und entscheiden Sie, welchen der oben beschriebenen Kategorien diese sich zuordnen lassen.

<u>Kardinalzahlen:</u> *vier* (Z. 9, 10, 35), *ein* (Z. 17, 2x Z. 18, 19, 36, 2x Z. 51), *zwein* (Z. 26, 38, 53, 59) bzw. *zweir* (Z. 56), *Sechs* (Z. 31, 62), *fvnfev* (Z. 35), *Sehzic* (Z. 45), *dreizic* (Z. 58).
Der bestimmte Artikel *ein* entwickelt sich historisch aus dem Numeral. In einigen Fällen ist es schwierig Artikel und Numeral zu unterscheiden (so bes. bei *ein brot* in Z. 17, Z. 18, Z. 51)

Ordinalzahlen: *erſten* (Z. 1)

Einige Zahlen sind sog. Divisionszahlen:
vierteil (Z. 37f.) = Substantiv aus *vier* + *teil*
halbz (Z. 39) (= *halbes*) = Adjektiv
einteil (Z. 42f.) = Substantiv aus *ein* + *teil*
Achtung: bei Getrenntschreibung *ein teil* kann häufig die Kombination aus Kardinalzahl +
Substantiv vorliegen.

90–92

M t den Aufgaben 9 und 10 wird veranschaulicht, inwiefern das Erkennen syntaktischer Beziehungen das Verstehen mhd. Texte erleichtern kann. Im Rahmen der spiralförmigen Progression
knüpfen sie methodisch damit an die Aufgaben an, zu deren Bearbeitung eine am Nhd. orientierte Interpunktion zur Strukturierung mhd. Texte eingefügt werden soll (z.B. Kap 3a, Aufgabe 1). Hier wird nun das Finden und Übersetzen von Konjunktionen problematisiert, womit das
Augenmerk auf die dem Komma folgende Stelle gelenkt wird, so dass sich die Möglichkeit ergibt sowohl die Semantik als auch die Funktion unterschiedlicher Konjunktionen im Spannungsfeld zwischen mhd. und nhd. Verwendung zu thematisieren. Ziel ist dabei, dass die Studierenden unterschiedliche Arten des Übersetzens ausprobieren, um sich im Folgenden begründet für
eine Art des Übersetzens entscheiden können.

9 Dieser Textabschnitt enthält dreimal die Subjunktion *daz*. Übersetzen Sie den Ausschnitt
genau und entscheiden Sie, in welchen Fällen sich *daz* nicht mit ‚dass‘, sondern besser mit
einer anderen Subjunktion übersetzen lässt.

Dieselben sollen sicherstellen, dass man aus reinem feinem Weizenmehl ein Brot für
einen Pfennig backt und (ebenso) aus Bollmehl ein Brot für einen Pfennig und dass die
Brote (dementsprechend) genau ausgezeichnet sind, **damit** man eins vom anderen
unterscheiden kann.

Eine Übersetzung mit ‚so dass‘ oder erweitertem Infinitiv ist hier ebenfalls möglich.

An die Textbeispiele unten auf S. 90 schließt sich keine konkrete Fragestellung an, allerdings
eignen diese sich gut, das gerade erlangte Wissen anzuwenden und Möglichkeiten aber auch
Grenzen der unterschiedlichen Arten des Übersetzens aufzuzeigen. Dies ergibt sich insbesondere daraus, dass nur bei zwei der drei Texte die Möglichkeit besteht, sowohl mit ‚dass‘ als auch
mit erweitertem Infinitiv zu übersetzen:

[…] die wiſen heten reht./ daz ſi den tumben dienten
→ Die Weisen hatten Recht, dass sie den Törichten (Narren) dienten.
→ Die Weisen hatten Recht, den Törichten (Narren) zu dienen.

ern bôt mir nîe die êre./ daz er mich het an geſehn
→ Er erwies mir nie den Respekt, dass er mich angesehen hätte.
→ Er erwies mir nie den Respekt, mich anzusehen.

Nu wizzet frauwen vnd man/ daz ſich ditz buch hie hebt an
→ Nun wisst Damen und Herren, dass dieses Buch hier beginnt.
→ Eine Übersetzung mit erweitertem Infinitiv ist syntaktisch nicht möglich.

10 Bestimmen Sie die semantische Relation in folgenden Beispielsätzen und tragen Sie die jeweilige Nummer unten in das passende Feld ein. Beachten Sie dabei, dass die semantische Relation nicht immer eindeutig zu bestimmen ist, so dass Mehrfachnennungen möglich sind.

konditional	3
modal-konsekutiv	2
konzessiv	8
final	1 (damit)
temporal	5, 6
konsekutiv	1 (so dass)
kausal	4, 7

Die Konjuktion *als* kann modal-konsekutive Nebensätze einleiten („so wie ich euch gesagt habe'), im Beispiel 2 handelt es sich aber eher um eine Parenthese oder um einen metadiskursiven Nebensatz.

93

Aufgabe 11 zeigt, inwiefern das Erkennen syntaktischer Beziehungen das Verstehen mhd. Texte erleichtern kann und bietet somit die Möglichkeit, das in diesem Kapitel erworbene Wissen anzuwenden. Das Einfügen einer am Nhd. orientierten (nicht zwangsläufig regelkonformen) Interpunktion soll hier helfen, die komplexe Syntax in einem ersten Zugriff auch ohne Übersetzung sinnvoll zu strukturieren, um syntaktische Zusammenhänge offenzulegen. Die Strukturierung des Satzgefüges ausgehend von dem markierten Hauptsatz soll die Möglichkeit bieten, die lineare Struktur des Textes aufzubrechen und unterschiedliche Arten der Visualisierung zu nutzen, um Textverstehen zu ermöglichen.

11 Der erste Teil des Textes (Z. 1–12) zeigt ein komplexes (hypotaktisches) Satzgefüge. Fügen Sie zum besseren Verständnis zunächst eine am Nhd. orientierte Interpunktion ein und strukturieren Sie dann ausgehend vom Hauptsatz (im Text unterstrichen) das Satzgefüge.

Man hat ovch verboten ellev
fwert vnd ellev fpitzigev mezzer
dev niht ftvmpf geflagen fint
vnd alle verboten were. daz die
niemen tragen fol. danne der
lantrihter fo der hinne ift vnd
fin gefinde daz fin brot izzet vnd
fvrbaz niht mere. vnd der Lant-
vogt vnd fin gefinde daz fin brôt
izzet. Vnd der Schultheiz vnd fin
tegelich gefinde daz fin brot izzet vnd der ftat pvtel.

Man hat ovch verboten ellev
fwert vnd ellev fpitzigev mezzer,
dev niht ftvmpf geflagen fint,
vnd alle verboten were, daz die
niemen tragen fol, danne der
lantrihter, fo der hinne ift vnd
fin gefinde, daz fin brot izzet vnd
fvrbaz niht mere, vnd der Lant-
vogt vnd fin gefinde, daz fin brôt
izzet; Vnd der Schultheiz vnd fin
tegelich gefinde, daz fin brot izzet vnd der ftat pvtel.

Die Abbildung zeigt eine mögliche Lösung der Aufgabe.

		Außen-feld	Vor-feld	Linke Klammer	Mittelfeld	Rechte Klammer	Nachfeld
(1)	HS V2		Man	hat	ovch	verboten	[[ellev ſwert vnd ellev ſpitzigev mezzer, [dev niht ſtvmpf geſlagen ſint,] Attribut vnd alle verboten were,]] Akkusativ-objekt
(2)	NS VL			daz	[die] Akkusativ-objekt [niemen] Subjekt	tragen ſol	[danne der lantrihter, [ſo der hinne iſt] vnd ſin geſinde, [daz ſin brot izzet] Relativsatz vnd fvrbaz niht mere. vnd der Lantvogt vnd ſin geſinde [daz ſin brot izzet.] Relativsatz Vnd der Schultheiz vnd ſin tegelich geſinde, [daz ſin brot izzet] Relativsatz vnd der ſtat pvtel.]

Mögliche Übersetzung:
Man hat auch alle Schwerter und alle scharfen Messer, die nicht stumpf geschlagen sind und alle illegalen Waffen verboten, so dass sie niemand tragen darf, außer dem Landrichter, wenn er sich in der Stadt aufhält mit seinem Gesinde, das sein Brot isst und nicht mehr, und der Landvogt und sein Gesinde, das sein Brot isst, und der Schultheiß und sein Gesinde, das sein Brot isst, und der Stadtbüttel.

Aufgabe 12 dient der Förderung der eigenen Sprachbewusstheit. Initiiert wird dies durch die Reflexion über die hier thematisierte Wendung und ihre Bedeutung bzw. ihren Gebrauch im modernen Deutsch in Anbindung an das und in Abgrenzung zu dem Mhd.

93

12 Wo finden Sie im Text eine mögliche Erklärung für die heute häufig gebrauchte Wendung ‚in Lohn und Brot stehen‘?

‚In Lohn und Brot stehen‘ wird heute noch (gelegentlich) zur Bezeichnung eines festen Arbeitsverhältnisses verwendet, obwohl sich dieses i.d.R. nur durch den Erhalt von Lohn und nicht durch die Versorgung mit Brot bzw. Nahrungsmitteln definiert. Im Textausschnitt wird allerdings eine umgekehrte Gewichtung deutlich, da hier das ‚Arbeitsverhältnis‘, in dem sich das Gesinde gegenüber seinem Herren befindet, dadurch markiert wird, dass es dessen Brot isst. Im Mittelalter bis weit in die Neuzeit hinein stellen freie Kost (Brot) und Unterkunft einen (großen) Teil der Vergütung dar (vgl. auch ‚Kost und Logis‘). Heute stellt Brot in Zusammenhang mit Entlohnung eine Metonymie dar: ‚Wes' Brot ich ess', des Lied ich sing'; ‚seine Brötchen verdienen‘; ‚Zubrot‘, ‚Gnadenbrot‘ etc. Steuerrechtlich bzw. arbeitsrechtlich gilt auch heute noch die freie Verpflegung als steuer- bzw. abgabenpflichtiger Lohnbestandteil.

94

Die folgenden Übungsaufgaben 13 bis 15 dienen dazu, in den vorherigen Kapiteln erworbenes Wissen durch Anwendung bzw. Wiederholung und Übung zu festigen sowie unterschiedliche Wissensbereiche miteinander zu vernetzen (Präteritopräsentien Kap. 2; ‚Falsche Freunde' Kap. 2, 4a und 4b, Übersetzung bzw. Erklärung rechtlich relevanter Begriffe zur Texterschließung Kap. 5a). Die Beantwortung der letzten Frage kann textnah durch eine Auflistung mhd. Begrifflichkeiten aus dem Text selbst oder durch einen eigenständig formulierten Fließtext erfolgen, der eine anspruchsvollere Leistung im Bereich des Transfers und der Abstraktion verlangt.

13 Wie ist *ſol* (Z. 2, Inf. *suln*) hier zu übersetzen?

ſol = ‚muss'

14 Kontrastieren Sie die mhd. und nhd. Bedeutung von *witzig* (Z. 6).

mhd *witzec* = ‚kundig', ‚verständig', ‚klug', ‚weise'
nhd. ‚witzig' = ‚die Gabe besitzend, durch (scherzhafte) treffende, schlagfertige Äußerungen andere zum Lachen zu bringen bzw. diese Gabe erkennen lassend' (worin die ältere Bedeutung noch zu erkennen ist, die sich z.B. heute noch in ‚gewitzt' oder ‚er hat Witz' finden lässt)

15 Listen Sie die Eigenschaften eines Richters auf.

ſtete (Z. 2)
reht beſchirme (Z. 4f.)
witzig (Z. 6)
wiſe (Z. 7)
got furhten (Z. 17)
triwe vnde reht minnen (Z. 18f.)
elliv vnrehten ding haſſen (Z. 19f.)

Abstraktion: In dem Textausschnitt wird deutlich, dass ein Richter unvoreingenommen sein muss, sich in seiner Tätigkeit nur am gültigen Recht orientierten und sich nicht von persönlichen Interessen oder Vorbehalten beeinflussen lassen darf.

Kapitel 5 Macht
b Herrschaft

Aufgabe 1 dient der Sicherstellung des Textverstehens und soll gewährleisten, dass die Studierenden die jeweils wichtigsten Merkmale eines idealtypischen Herrschers benennen können. Die Beantwortung kann textnah durch eine Markierung mhd. Begrifflichkeiten im Text selbst oder durch einen eigenständig formulierten Fließtext erfolgen, der durch die implizit zu erbringende Übersetzungsleistung eine anspruchsvollere Leistung im Bereich des Transfers und der Abstraktion verlangt.

1 Markieren Sie in den drei folgenden Texten (Pfaffe Konrad ‚Rolandslied', Hartmann von Aue ‚Gregorius', Walther von der Vogelweide ‚Erster Philippston') die Stellen, die die Eigenschaften und Fähigkeiten eines vorbildlichen Herrschers beschreiben.

1 Nune mugen wir in disem zite dem chûninge Dauite niemen so wol gelichen so den herzogen Hainrichen. 5 got gap ime di craft daz er alle sine uiande eruacht. di cristen hat er wol geret, die haiden sint uon im bekeret: daz erbet in uon rechte an. 10 zefluchte gewant er nie sin uan: got tet in ie sigehaft. in sinem houe newirdet niemir nacht. ich maine daz ewige licht: des nezerrinit im nicht. 15 untruwe ist im lait, er minnit rechte warhait. io ŏbit der herre alle gotlike lere, vnt sin tiure ingesinde. 20 in sime houe mac man uindin alle state unt alle zucht. da ist vrŏde unt gehucht, da ist kûske unt scham; willic sint im sine man; 25 da ist tugint unt ere.	Abstraktion: Herzog Heinrich wird als erfolgreicher und gottesfürchtiger Herrscher beschrieben, da es ihm nicht nur gelingt, alle Feinde zu besiegen und niemals die Flucht zu ergreifen, sondern auch die Heiden zu bekehren und die Christen zu achten. Zusätzlich wird er als äußerst wahrheitsliebend und loyal beschrieben.

Eine genaue Lektüre dieser Textstelle verdeutlicht, dass dies Eigenschaften sind, die dem Hof Herzog Heinrichs zugeordnet werden und daher nur mittelbar in Beziehung zu seiner Person stehen bzw. eher als Wirkung derer zu sehen sind.

98 Die Übungsaufgaben 2 und 3 sollen dazu dienen, in den vorherigen Kapiteln erworbenes Wissen über Grammatik durch Anwendung bzw. Wiederholung und Übung zu festigen sowie unterschiedliche Wissensbereiche miteinander zu vernetzen (adverbial eingeleitete Nebensätze Kap. 5a, Negation Kap. 3b).

2 Geben Sie für den mit *daz* eingeleiteten Nebensatz in v. 6 die drei möglichen Übersetzungen an.

Gott gab ihm die Kraft, damit er alle seine Feinde besiegte/besiegen konnte.
Gott gab ihm die Kraft, dass er alle seine Feinde besiegte/besiegen konnte.
Gott gab ihm die Kraft, so dass er alle seine Feinde besiegte/besiegen konnte.

Grundsätzlich besteht hier natürlich auch die Möglichkeit mit erweitertem Infinitiv zu übersetzen (vgl. Kap. 5a): Gott gab ihm die Kraft, alle seine Feinde zu besiegen.

3 Suchen Sie die beiden doppelten Verneinungen und übersetzen Sie diese.

*in sinem houe **ne**wirdet **niemir** nacht./ ich maine daz ewige licht:/ des **ne**zerrinit im **nicht**.*
(vv. 12–14)
→ In seinem Hof wird es **niemals** Nacht. Ich meine das ewige Licht: Das geht ihm **nicht** aus./ Ich meine das ewige Licht, es wird ihm **nie** erlöschen.

98 Aufgabe 1 dient der Sicherstellung des Textverstehens und soll gewährleisten, dass die Studierenden die jeweils wichtigsten Merkmale eines idealtypischen Herrschers benennen können. Die Beantwortung kann textnah durch eine Markierung mhd. Begrifflichkeiten im Text selbst oder durch einen eigenständig formulierten Fließtext erfolgen, der durch die implizit zu erbringende Übersetzungsleistung eine anspruchsvollere Leistung im Bereich des Transfers und der Abstraktion verlangt.

1 Markieren Sie in den drei folgenden Texten (Pfaffe Konrad ,Rolandslied', Hartmann von Aue ,Gregorius', Walther von der Vogelweide ,Erster Philippston') die Stellen, die Eigenschaften und Fähigkeiten eines vorbildlichen Herrschers beschreiben.

1 er sprach: ,sun, nû wis gemant
    daz dû behaltest mêre
    die jungisten lêre
    die dir dîn vater tæte.
5 wis getriuwe, wis stæte,
    wis milte, wis diemüete,
    wis vrävele mit güete,
    wis dîner zuht wol behuot,
    den herren starc, den armen guot.
10 die dînen soltû êren,
    die vremeden zuo dir kêren.
    wis den wîsen gerne bî,
    vliuch den tumben swâ er sî.
    vor allen dingen minne got,
15 rihte wol durch sîn gebot.'
	Abstraktion:
	Der sterbende Fürst von Equitanja zählt seinem Sohn die wichtigsten Eigenschaften und Handlungsmaximen auf, die für einen vorbildlichen Herrscher von Bedeutung sein sollten: Er muss loyal, beständig, großzügig und gottesfürchtig sein, er soll unerschrocken aber dabei gütig sein und sollte sich seiner Erziehung und Ausbildung bewusst sein, um gerecht gegenüber allen Untertanen und Fremden sein zu können. Dafür muss er nicht nur Gottes Gebote als Maxime des eigenen Handelns bedenken, sondern sich auch an den Klugen und nicht an den Narren orientieren.

99

Die Übungsaufgaben 4 und 5 sollen dazu dienen, in den vorherigen Kapiteln erworbenes Wissen über Grammatik durch Anwendung bzw. Wiederholung und Übung zu festigen und unterschiedliche Wissensbereiche miteinander zu vernetzen (Präteritopräsentien Kap. 2 und Klise Kap. 3b, stV AR II Kap. 4b).

4 Erklären Sie die Form *soltû* (v. 10) und geben Sie die hier passende Übersetzung an. (!)

Bei der vorliegenden Form handelt es sich um eine Klise: Die Verbform *solst* und nachfolgendes Personalpronomen *tu* wurden unter Verlust lautlicher Bestandteile zu einem Wort klitisiert *(soltû)*. Die hier passende Übersetzung lautet: ‚musst du‘.

5 Bestimmen Sie die Verbform *vliuch* (v. 13). (!)

vliuch = Imperativ Singular (Inf. *vliehen*, AR IIb)

98

Aufgabe 1 dient der Sicherstellung des Textverstehens und soll gewährleisten, dass die Studierenden die jeweils wichtigsten Merkmale eines idealtypischen Herrschers benennen können. Die Beantwortung kann textnah durch eine Markierung mhd. Begrifflichkeiten im Text selbst oder durch einen eigenständig formulierten Fließtext erfolgen, der durch die implizit zu erbringende Übersetzungsleistung eine anspruchsvollere Leistung im Bereich des Transfers und der Abstraktion verlangt.

1 Markieren Sie in den drei folgenden Texten (Pfaffe Konrad ‚Rolandslied‘, Hartmann von Aue ‚Gregorius‘, <u>Walther von der Vogelweide ‚Erster Philippston‘</u>) die Stellen, die Eigenschaften und Fähigkeiten eines vorbildlichen Herrschers beschreiben.

> 1 Philippes künic, die nâhe spehenden zîhent dich,
> dûn sîst niht dankes milte. des bedunket mich,
> wie dû dâ mite verliesest michels mêre.
> dû möhtest gerner dankes geben tûsent pfunt
> 5 danne drîzec tûsent âne danc. dir ist niht kunt,
> wie man mit gâbe erwirbet prîs und êre.
> Denke an den milten Salatîn:
> der jach, daz küniges hende dürkel solten sîn,
> sô wurden sî erforht und ouch geminnet.

Abstraktion:
Die Fähigkeiten und Eigenschaften eines vorbildlichen Herrschers werden hier im Bezug auf die Person König Philipps von Schwaben durch ihr Fehlen thematisiert; folgende Verhaltensweisen können aufgrund der Darstellung als vorbildlich bezeichnet werden: Ein Herrscher muss jederzeit aus freien Stücken großzügig sein, wobei Großzügigkeit sich hier nicht in der Größe des Geschenkes bzw. der gezahlten Summe erschöpft, sondern in der mit ihr einhergehenden Anerkennung bzw. dem damit verbundenen Respekt. Nur auf diese Weise kann ein Herrscher selbst Lob und Anerkennung erhalten, mit dem Ziel zugleich geliebt und gefürchtet zu werden.

100　Die Übungsaufgaben 6 und 7 sollen dazu dienen, in den vorherigen Kapiteln erworbenes Wissen über Grammatik durch Anwendung bzw. Wiederholung und Übung zu festigen sowie unterschiedliche Wissensbereiche miteinander zu vernetzen (stV AR I Kap. 3b, stV AR II Kap. 4b, stV AR V, Kap. 3a, Negation Kap. 3b).

6　Bestimmen Sie die Verbformen *zîhent* (v. 1), *verliesest* (v. 3) und *jach* (v. 8).

　　zîhent: 3.Pers.Pl.Präs.Ind. (Infinitiv *zîhen*, AR Ib)
　　verliesest: 2.Pers.Sg.Präs.Ind. (Infinitiv *verliesen*, AR IIb)
　　jach: 3.Pers.Sg.Prät.Ind. (Infinitiv *jëhen*, AR V)

7　Suchen Sie die doppelte Verneinung und übersetzen diese.

　　*dûn sîst **niht** dankes milte* (v. 2)
　　→ Du seist **nicht** aus freiem Willen freigebig

101　Die Aufgaben 8 und 9 bieten die Möglichkeit, die Linearität des Textes aufzubrechen und zeigen eine weitere Methode der Erschließung von Bedeutungen aufgrund konkreter sprachlicher Verwendungsweisen auf. Die Markierung von Kollokationen und Konnotationen im Sinne einer Reduktion des Textes und deren Visualisierung soll helfen, die jeweilige Bedeutung zu erkennen. Die Visualisierung dient in diesem Zusammenhang der Überprüfung der erbrachten Leistung und erfordert ein hohes Abstraktionsniveau.

Erschließen Sie unter Zuhilfenahme des Beispiels die folgenden Textstellen.
8　Markieren Sie Verben und Substantive, die in einem inhaltlichen Zusammenhang zum Begriff *triuwe* stehen.

9　Setzen Sie die markierten Begriffe, unter Beachtung ihrer verschiedenen Bedeutungen, in einen kausalen Zusammenhang.

Dietrichs Flucht

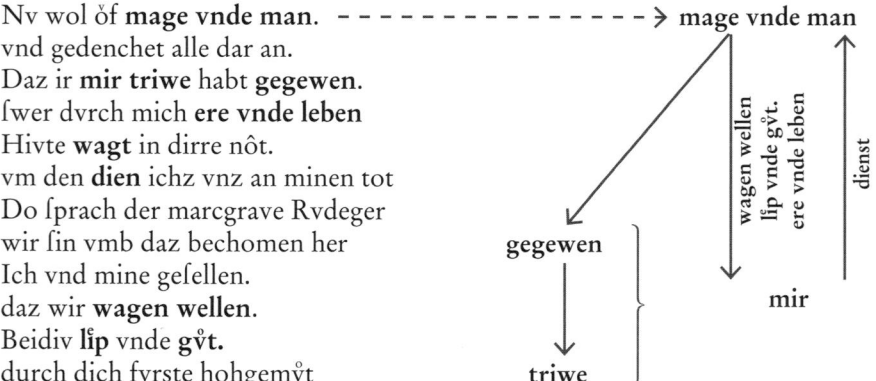

triuwe als gegenseitiges und lebenslanges Dienstverhältnis.

St. Pauler Predigten

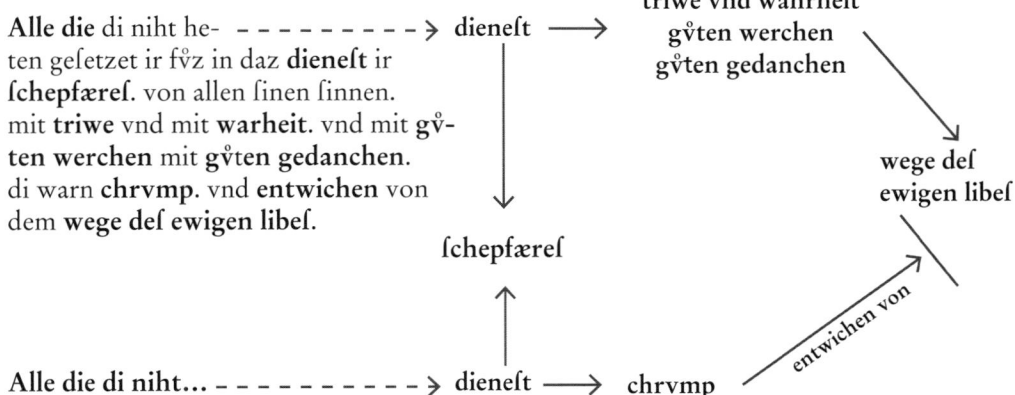

Alle die di niht he-
ten geſetzet ir fůz in daz **dieneſt** ir
ſchepfæreſ. von allen ſinen ſinnen.
mit **triwe** vnd mit **warheit.** vnd mit gůten werchen mit gůten gedanchen.
di warn **chrvmp.** vnd **entwichen** von
dem **wege deſ ewigen libeſ.**

triuwe als Bestandteil des *dienstes* an Gott und Bedingung zur Erlösung.

Hoheliedparaphrase

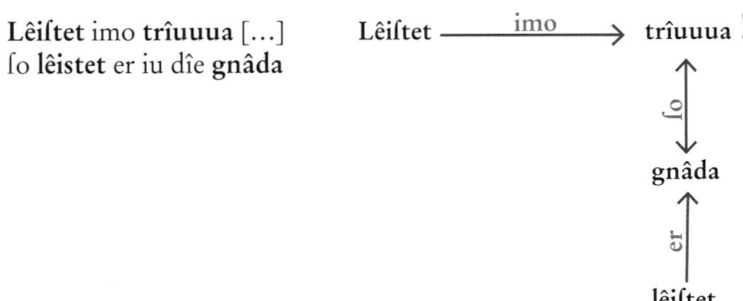

Lêiſtet imo **trîuuua** [...]
ſo **lêistet** er iu dîe **gnâda**

triuwe zu Gott als Voraussetzung zu der Erlangung von Gnade.

Urkunde der Stadt Freiburg

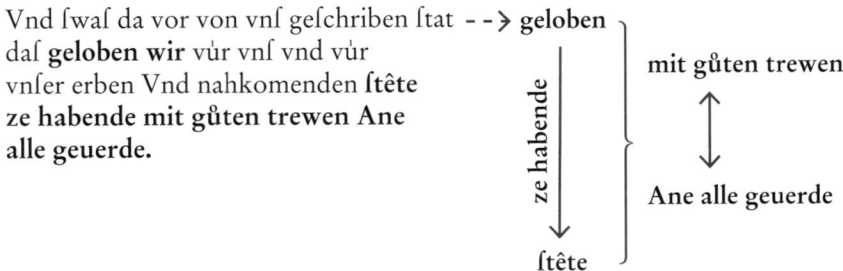

Vnd ſwaſ da vor von vnſ geſchriben ſtat
daſ **geloben wir** vůr vnſ vnd vůr
vnſer erben Vnd nahkomenden **ſtête**
ze habende mit gůten trewen Ane
alle geuerde.

triuwe als Bestandteil der Corroboratio einer Urkunde.

Schwabenspiegel

Dîe **beſten tvgen-**
de ſol er han. daz iſt daz
er got fúrhten ſol. vnd
daz er **triwe vnde reht**
minnen ſol. vnde ellîv
vnrehten ding haſſen
ſol. ſo iſt er **ein wîſer**
rihter. ⟵ ‑ ⟶ beſten tvgende

ſol han

ſol minnen

⟶ triwe vnde reht

got fúrhten

Anerkennung von *triuwe* und *recht* als Eigenschaft eines guten Richters.

102

Aufgabe 10 dient der Sensibilisierung für den Umgang mit feststehenden Wendungen bei dem Verstehen mhd. Texte. Auch hier liegt der Fokus zusätzlich auf der Förderung der Sprachbewusstheit (vgl. Kap. 5a); die Auseinandersetzung mit feststehenden Wendungen im Spannungsfeld zwischen mhd. und nhd. Verwendung bzw. Bedeutung soll zur Reflexion des eigenen Sprachgebrauchs anregen. Die Wiedergabe des dargestellten Rechtsverhaltes in eigenen Worten dient der Überprüfung der erbrachten Verstehensleistung.

10 Markieren Sie alle Paarformeln und geben Sie die verhandelten Rechtsverhalte möglichst genau wieder.

Stadtbuch der Stadt Augsburg (1):
dem armen vnde dem richen → Gleichbehandlung Aller (Armer und Reicher) vor dem Gesetz; Verbot der Willkür bzw. willkürlichen Bestrafung. Die Paarformel *arme(n) vnde riche(n)* dient hier der Bezeichnung aller Bürger z.B. in Unabhängigkeit von ihrer wirtschaftlichen Situation oder ihrer sozialen Stellung.

Stadtbuch der Stadt Augsburg (2):
tŷr vnde tor → Unabhängig von seinem Stand hat jeder Bürger der Stadt Augsburg das Recht, einem Anderen Asyl und Hilfe zu gewähren; lediglich der Vogt – nicht jedoch seine Dienstleute – hat die Befugnis, dass man ihm Tür und Tor öffnet und Zutritt zu dem Flüchtigen ermöglicht. (In dem vorliegenden Textausschnitt finden sich viele Aufzählungen, wie z.B. *raten vnde helfen. vnde ſchærmen. vnde im hin helfen oder vogtes knehte vnde waibel*, als feststehende formelhafte Wendung lässt sich jedoch am ehesten die Verbindung *tŷr vnde tor* verifizieren, die z.T. heute noch Verwendung findet. Sie lässt im konkreten Beispiel darauf schließen, dass dem Vogt Zugang zu allen Gebäudeteilen gewährt werden muss, sowohl zum Wohnbereich, der durch eine Türe verschlossen ist als auch dem Stall o.ä., der durch ein Tor abgetrennt ist.)

Schwabenspiegel:
hut vnde har → Wer sich in der Kirche eines Vergehens schuldig macht, verwirkt sein Recht auf Schutz durch diese und wird ihrer verwiesen, damit das Vergehen außerhalb der Kirche entsprechend seiner Schwere bestraft werden kann. Diebstahl minderer Schwere (bis zu einem Wert von drei Pfennigen) wird körperlich an Haut und Haar

bestraft (ursprünglich: das Haar wird geschoren, die Haut gebrandmarkt). Wird etwas gestohlen, dessen Wert einem Schilling entspricht, wird der Delinquent gehenkt.

Würzburger Polizeisätze:
bi tage vnd bi naht → In Würzburg ist es sowohl den ortsansässigen als auch den auswärtigen Handwerksknechten zu allen Zeiten verboten, Schwerter, Messer oder andere spitze Scheidenmesser mit sich zu führen. (Neben *bi tage vnde bi naht* findet sich in dem vorliegenden Textauszug auch noch die Verbindung *ſwert vnd mezzer*, die als formelhafte Wendung aufgefasst werden könnte – und zwar i.d.S., dass sie der Bezeichnung aller Waffen und deren jeweiliger Spezialisierung dient, so z.B. hinsichtlich ihrer Benutzung, da man ein Schwert anders führt als ein Messer.)

In den vorangehenden Kapiteln wurden unterschiedliche Methoden vermittelt, die helfen sollen, einen mhd. Text zu strukturieren, wie z.B. das Einfügen moderner Interpunktionszeichen oder die Markierung einzelner Phrasen, um ihn so besser verstehen zu können. Aufgabe 11 knüpft methodisch an diese Strategien an, nur dass dieses Mal der Text nicht nach modernen, sondern zeitgenössischen (rhetorischen) Kriterien gegliedert werden soll, um die einzelnen Abschnitte hinsichtlich ihrer Funktion bestimmen und dem entsprechend besser verstehen zu können.

105

11 Markieren und benennen Sie die *partes* in dieser Urkunde. Lesen Sie dazu die Sachdarstellung auf den folgenden Seiten.

Intitulatio ⟍

Publicatio ⟋

wir Grave Egen von Friburg/ kůnden allen die diſen brief
ſehint/ oder hőrint leſen/ daſ wir haben erlőbit Burchart dem
Tvrner/ Heinrich wolleben/ Cůnrat Ederlin/ Meiſter Cůnrat
Rotermellin/ vnd allen iren geſellen ze den Silberbergen ze
Sukendal/ vnd ze deſ Herzogen berge/ vnd allen die die
ſelben berge buwent/ vnd iren erben/ daſ ſi einen graben mit
waſſer ze den ſelben bergen vůren vber deſ Gottiſhuſ gůt von
Sante peter/ vnd vber ellv dv gůt da wir vogit vber ſin/ vnd
da wir gewaltig ſin/ nah ir willen/ vnd alſe vil ſo ſi bedůrfen/

Narratio

vnd her vber ze einem vrkůnde ſo geben wir in diſen brief
mit vnſerm Jngeſigel beſigelt. vnd geſchach diſ ding/ vnd
wart dirre brief gegeben do man zalte von gottiſ gebůrte
zwelf hundirt/ ahzig/ vnd vier/ jar/ an dem nehiſten ziſtage
nah Sante walpurge tage.

Corroboratio ⟵

Datierung

Kapitel 6 Glaube
a Gnade

111 In mhd. Texten werden Abstrakta oft personifiziert, häufig unter Hinzufügung der Bezeichnung *vrouwe*. Diese Personifikationen sind nicht immer leicht zu erkennen und können beim Verstehen und Übersetzen entsprechender Textstellen Schwierigkeiten bereiten. In diesem Kapitel sollen die Studierenden mit dem Stilmittel der Personifikation vertraut gemacht werden. Aufgabe 1 dient in diesem Zusammenhang als vorbereitende Übung, indem in einem ersten Schritt Substantive als Abstrakta erkannt und markiert werden sollen.

1 Markieren Sie die im Text (vv.1–42) vorkommenden Abstrakta.

1 Den selben wec geriet ein man:
zer rehten zît er entran
ûz der mordære gewalt.
er was komen in ir walt,
5 dâ hâten si in nider geslagen
und im vrävellîche entragen
aller sîner sinne kleit
und hâten in an geleit
vil marterlîche wunden.
10 ez was zuo den stunden
sîner sêle armuot vil grôz.
sus liezen si in blôz
unde halp tôt ligen.
do enhâte im got niht verzigen
15 sîner gewonlîchen erbarmekeit
und sande im disiu zwei kleit,
gedingen unde vorhte,
diu got selbe worhte
daz si im ein schirm wæren
20 und allen sündæren:
vorhte daz er erstürbe,
gedinge daz er iht verdürbe.
vorhte liez in dâ niht ligen.
doch wære er wider gesigen,
25 wan daz in der gedinge
machete alsô ringe
daz er doch weibende saz.
dar zuo sô starcte in baz
diu geistlîche triuwe
30 gemischet mit der riuwe.
si tâten im vil guotes
und ervurpten in des bluotes.
si guzzen im in die wunden sîn
beidiu öl unde wîn.
35 diu salbe ist linde und tuot doch wê,
daz öl diu gnâde, der wîn diu ê,
die der sündære haben muoz:
sô wirt im siechtuomes buoz.

alsus huop in bî sîner hant
40 diu gotes gnâde als si in vant
ûf ir miltez ahselbein
und truoc in durch beruochen hein.
dâ wurden im verbunden
sîne verchwunden
45 daz er âne mâsen genas
und sît ein wârer kemphe was,
er eine über al die kristenheit.
noch enhân ich iu niht geseit,
welh die wunden sint gewesen
50 der er sô kûme ist genesen,
wie er die wunden emphie
und wie er sich ir ergie
âne den êwigen tôt.
des ist ze hœrenne nôt
55 und ze merkenne in allen
die dâ sint vervallen
under bercswæren schulden,
ob er ze gotes hulden
dannoch wider gâhet,
60 daz in got gerne emphâhet.
wan sîner gnâden ist sô vil
daz er des niene wil
und ez gar verboten hât
daz man durch deheine missetât
65 an im iht zwîvelhaft bestê.
ez enist dehein sünde mê,
man enwerde ir mit der riuwe
ledic unde niuwe,
schœne unde reine,
70 niuwan der zwîvel eine:
der ist ein mortgalle
ze dem êwigen valle
den nieman mac gesüezen
noch wider got gebüezen.

Die Übungsaufgaben 2 und 3 sollen dazu dienen, in den vorherigen Kapiteln erworbenes Wissen durch Anwendung bzw. Wiederholung und Übung zu festigen sowie unterschiedliche Wissensbereiche miteinander zu vernetzen (Genitivkonstruktionen Kap. 4a und 4b, stV AR Ib, IIIa und b Kap. 3b, AR V Kap. 3a, Wurzelverben Kap. 5b).

111

2   Suchen und bestimmen Sie die Genitivkonstruktionen (vv. 1–42).

Neben den attributiven Genitiven (vgl. Kap. 4a) *der mordære gewalt* (v. 3)/ *sîner sinne kleit* (v. 7)/ *sîner sêle armuot* (v. 11) und *diu gotes gnâde* (v. 39) finden sich zusätzlich die folgenden Genitivkonstruktionen:

→ *entragen **aller** sîner sinne kleit* (v. 6f.) → Genitiv als Objektkasus
→ *niht verzigen/ **sîner gewonlîchen erbarmekeit*** (v. 14f.) → Genitiv als Objektkasus
→ ***vil guotes*** (v. 31) → Genitivus Partitivus
→ *ervurpten in **des bluotes*** (v. 32) → Genitiv der Relation (vgl. Paul, Mhd. Gr. §S75)
→ *wirt im **siechtuomes buoz*** (v. 38) → Genitiv als Objektkasus

3   Bestimmen Sie die Verbformen *entran* (v. 2), *verzigen* (v. 14), *wæren* (v. 19), *erstürbe* (v. 21), *verdürbe* (v. 22) und *saz* (v. 27) und bilden Sie jeweils den Infinitiv.

entran → 3.Pers.Sg.Prät.Ind., Infinitiv *entrinnen*, AR IIIa
verzigen → Part.Prät., Infinitiv *verzîhen*, AR Ib (Grammatischer Wechsel von *h* → *g*)
wæren → 3.Pers.Pl.Prät.Konj., Infinitiv *wesen*
erstürbe → 3.Pers.Sg.Prät.Konj., Infinitiv *erstёrben*, AR IIIb
verdürbe → 3.Pers.Sg.Prät.Konj., Infinitiv *verdёrben*, AR IIIb
saz → 3.Pers.Sg.Prät.Ind., Infinitiv *sitzen*, AR V

Durch Handlungsverben können Abstrakta zu Handlungsträgern werden und wie in den folgenden Texten personifiziert werden. Die Lösung der folgenden Aufgabe setzt voraus, dass die Studierenden die Abstrakta selbstständig erkennen (vgl. Aufgabe 1), um in der Folge die vorliegenden syntaktischen Strukturen analysieren und das den einzelnen Abstrakta zugeordnete Verb markieren zu können. Die Analyse und Gliederung der Syntax dient damit als vorbereitender Schritt, Textverstehen zu ermöglichen und die Personifikation erkennen zu können.

112

4   Markieren Sie in den folgenden Textstellen die Verben, die die Personifikation verdeutlichen.

❶ ſo ſol der minne ſweſter div trivwe ez
enphahen. Swenne div minne ſo groz wirt
daz ſi dich irret an dem hertzen in dem gebet.

❷ [...] ſo mak der man mit
dem varnden gute vnde mit den
lehen wol tvn als in ſin triwe lert

❸ Der werlde ſpil hat tvmpheit vil[...]
Sie machet den milten ſchamrot
Sie treibet den armen in den tot
Si ſtiftet mort ſie retet prant
Swer ir volget der ravme daz lant
Sie ſchiltet fluchet vnd ſwert
von ir iſt geher tot beſchert
Si levget trevget prichet treuwe
Ir ſchande iſt alle wege neuwe
Si ravbt ludert vnd ſtilt

❹ Ir tugent ſi daz leret
Daz ſi im in rechter not
Ez ſi in leben oder in tot
Ir helfe mvz ie leiſten

112

Aufgabe 5 führt die in Aufgabe 1 und 4 erworbenen Kompetenzen zusammen und dient der Vertiefung durch Anwendung. Die im ersten Arbeitsschritt markierten Abstrakta sollen nun anhand einer spezifischen Fragestellung neu beurteilt werden. Für die Entscheidung, an welchen Stellen eine Personifikation vorliegt, müssen die jeweils zugeordneten Verben gesucht und bewertet werden, wofür eine intensive Auseinandersetzung mit den jeweiligen Textstellen zur Herstellung von Textverstehen notwendig ist.

5 Entscheiden Sie, an welchen Stellen im Text (Hartmann von Aue ‚Gregorius') die von Ihnen markierten Abstrakta personifiziert werden.

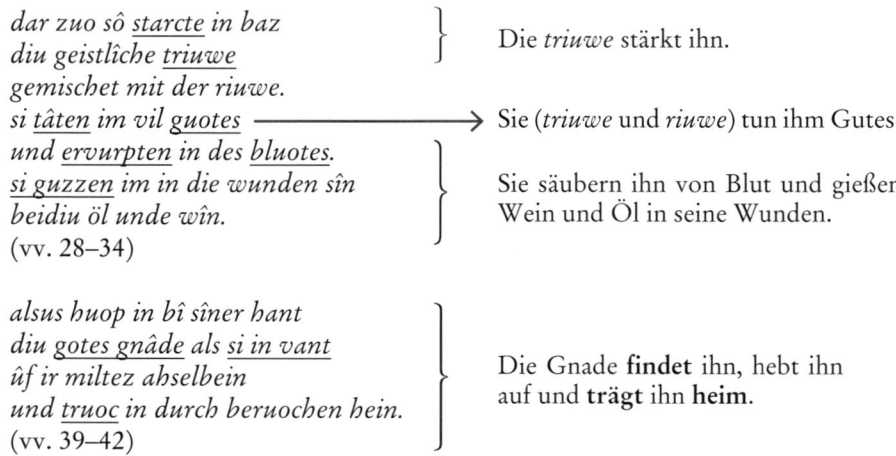

dar zuo sô <u>starcte</u> in baz
diu geistlîche <u>triuwe</u>   } Die *triuwe* stärkt ihn.
gemischet mit der <u>riuwe</u>.
si <u>tâten</u> im vil <u>guotes</u> ────────→ Sie (*triuwe* und *riuwe*) tun ihm Gutes.
und <u>ervurpten</u> in des <u>bluotes</u>.   ⎫
si <u>guzzen</u> im in die <u>wunden</u> sîn   ⎬ Sie säubern ihn von Blut und gießen
beidiu öl unde wîn.   ⎭ Wein und Öl in seine Wunden.
(vv. 28–34)

alsus <u>huop</u> in bî sîner hant   ⎫
diu <u>gotes gnâde</u> als <u>si in vant</u> ⎬ Die Gnade **findet** ihn, hebt ihn
ûf ir miltez ahselbein   ⎬ auf und **trägt** ihn **heim**.
und <u>truoc</u> in durch beruochen hein.   ⎭
(vv. 39–42)

Die Auswahl der Textstellen macht deutlich, dass mit den Handlungsverben ein Spektrum von Metaphorisierung eröffnet wird, dieses kann bis hin zu echten Personifikationen reichen.

113

Bei der Bearbeitung von Aufgabe 6 sollen die Studierenden sich mit den möglichen Bedeutungen zweier Wörter auseinandersetzen, die zur Beschreibung eines zentralen Themas im mittelalterlichen theologischen Diskurs Verwendung finden, und sich begründet für eine Übersetzung entscheiden. Die Graphik (S. 113) dient in diesem Zusammenhang als Hilfestellung, ohne eine verbindliche Auswahl an Bedeutungen zu präsentieren, aus der lediglich eine (oder sogar die richtige) heraus gesucht werden soll. Die Aufgabe verfügt über ein sehr hohes Anspruchsniveau, da *genâde* und *hulde* in ihrer Bedeutung nur graduell divergieren und sich die Suche nach nhd. Äquivalenten aufgrund des Fehlens feststehender Begrifflichkeiten als sehr komplex erweist, so dass die hier angegebene Lösung als Vorschlag zu verstehen sind.

6 Suchen Sie passende Übersetzungen für *hulden* (v. 58) und *gnâden* (v. 61) in Hartmanns von Aue ‚Gregorius'.

Mögliche Übersetzungen sind neben anderen die folgenden:
hulden → Gottes Wohlwollen (i.S. eines Gefolgschaftsgedankens)
gnâden → Gottes Hilfe, Gottes Barmherzigkeit

In Aufgabe 7 soll das vermittelte Grammatikwissen über Verben mit ‚Rückumlaut' konkret angewendet werden, um das Bilden des Infinitivs für diese Verbgruppe zu üben. Die Aufgabe steht in Analogie zu den Übungen der vorangegangenen Kapitel zu den starken Verben, in denen aufgezeigt wurde, dass das Bilden des Infinitivs eines unbekannten Verbs Voraussetzung ist, um größere syntaktische Zusammenhänge verstehen zu können. In dieser Aufgabe sind allerdings keine Beispiele vorgegeben. Die Studierenden sollen eigenständig entsprechende Beispiele aus dem bereits unter anderen Fragestellungen analysierten Text (Hartmann von Aue ‚Gregorius') heraussuchen, dabei soll die inzwischen vorauszusetzende Bekanntheit des Textes als Hilfestellung dienen.

114

7   Suchen Sie die Verben mit Rückumlaut aus dem Text (Hartmann von Aue ‚Gregorius') heraus und bilden Sie jeweils den Infinitiv.

worhte → Infinitiv *wirken/ würken* (v. 18)
ervurpten → Infinitiv *ervürben* (v. 32)
starcte → Infinitiv *sterken* (v. 28)

Die Übungsaufgaben 8 und 9 sollen dazu dienen, in diesem und den vorherigen Kapiteln erworbenes Wissen durch Anwendung bzw. Wiederholung und Übung zu festigen sowie unterschiedliche Wissensbereiche miteinander zu vernetzen (swV mit Rückumlaut, Primärberührung, Nasalschwund und Ersatzdehnung Kap. 6a, Präteritopräsentien Kap. 2 und 5b, stV AR IIIb Kap. 3b, Wurzelverben Kap. 5a, adverbial eingeleitete Nebensätze Kap. 5a).

117

8   Bestimmen Sie die Verbart der folgenden Verben und bilden Sie jeweils den Infinitiv: *dâhte* (v.1), *solte* (v. 2), *kond(e)* (v. 3), *erwurbe* (eigentlich *erwürbe*, v. 4) und *tuot* (v. 7).

dâhte   → Infinitiv *denken* (swV mit Rückumlaut, Primärberührung, Schwund des Nasals und Ersatzdehnung)
solte   → Infinitiv *suln* (Präteritopräsens)
kond(e)   → Infinitiv *kunnen* (Präteritopräsens)
erwurbe   → Infinitiv *erwërben* (stV, AR IIIb)
tuot   → Infinitiv *tuon* (Wurzelverb)

9   Bestimmen Sie die beiden mit *wie* eingeleiteten Nebensätze.

v. 2 und v. 4 → indirekte Fragesätze (vgl. Paul, Mhd. Gr. §S171)

Kapitel 6 Glaube
b Maria

In Kapitel 6b werden die Studierenden u.a. mit Problemen der regionalen Varianz konfrontiert (z.B. durch die Einbindung niederdeutscher Texte). Die im Kapitel zur Verfügung gestellten Informationen über Besonderheiten unterschiedlicher Regionalismen sollen notwendiges Hintergrundwissen liefern, das in Kombination mit den einzelnen Aufgaben bzw. Übungen helfen soll, Strategien im Umgang mit Phänomenen der regionalen Varianz zu entwickeln.

Die einzelnen Texte werden in diesem Kapitel in Form von handschriftennahen Transkriptionen geboten, so dass auch die graphische Varianz (insbesondere spätmittelalterlicher) Handschriftenüberlieferung problematisiert werden kann. Innerhalb der Übungsaufgaben sollen aufgezeigte Lösungswege ausprobiert werden, um graphisch fremd wirkende Wörter auf ihr Lemma im Wörterbuch zurückführen zu können.

Die Wahl des Textes ‚St. Anselmi Fragen an Maria' (in unterschiedlichen Fassungen) folgt dabei der Überlegung, mit der Passion Christi einen als bekannt vorauszusetzenden Inhalt zu präsentieren, so dass die Studierenden ihr ‚Weltwissen' zur Decodierung der Texte nutzen können.

123 Bei Aufgabe 1 sollen die Studierenden ihr Wissen um die Passion Christi nutzen, um einen ersten inhaltlichen Zugang zum Text zu erhalten. Der Auftrag, die Textpassage nach inhaltlichen Kriterien zu gliedern, indem Überschriften zu den einzelnen Abschnitten formuliert werden sollen, erfordert dabei eine intensive Auseinandersetzung mit dem Text selbst. Die Aufgabe kann jedoch auch erfolgreich gelöst werden, ohne dass der Text inhaltlich bis ins letzte Detail verstanden wurde.

1 Gliedern Sie die Antwort Marias nach inhaltlichen Gesichtspunkten, indem Sie für die
einzelnen Punkte, die sie erwähnt, Überschriften formulieren (s. Beispiel links).

1 Sant Anſheln ſprach.
Nv ſage mir liebv̇ vrowe.
wie taten ſv̇ im. v̇nſe vrowe ſprach. Da hȯre Anſhelme

Anselmus bittet María um einen Bericht

5 ein gar klagelich mere. daʒ
doch enhein ewangeliſte
ſhribet. Do ſv̇ kamen an

*beklagenswerte Geschichte, in keinem
der Evangelien niedergeschrieben*

die ſtat dv̇ da heiʒet Caluarie. do ʒvgen ſv̇ im alles ſin

10 gewant abe. daʒ ein vaden
an ſinem libe niht beleib. do

*Ankunft am Kalvarienberg/
Golgota und Entkleidung Jesu*

erſtarb min herʒe. do ſv̇ im dc
groʒe laſter bvten. vnd giench
dar vnrſhrokenlich. vnd ane

15 ſhame. vnd ʒoch ein tvch abe
minem hobte. vnd bant es ſel-
be. vmbe ſinen lip. Nv waʒ

María bedeckt die Blöße Jesu

der vleke alſe gar vnreine. der
da heiʒet Caluarie. dar man

20 min kint hatte gefv̇ret. vnd
waʒ alſe verſhmeht daʒ man
niht bȯſer ſtat konde vinden. wan beſhant da hvnde
vnd ſhalmen. vnd hanchte da die-

25 be. vnd enthopte da morder. vnd
waʒ der ſmak da alſo groʒ.
daʒ in kvme ieman erliden
mahte. vnd an dirre vnreinvn
ſtat leiton ſv̇ daʒ crvce vf die erde.

*Beschreibung des Ortes der Kreuzigung
als unrein.*

30 vnd leiton do min kint rv̇g-
gelingvn dar vf. vnd nagelo-
ton im die einvn hant an dc
crvce. vnd waʒ der nagel alſe groʒ.
daʒ er die wndvn alſo ſere er-

35 fv̇lte. daʒ ein blvtes trophe.
dar vʒ niht giench. vnd namen
do ſeil. vnd bvnden im dv̇ an
die andervn hant. vnd ʒvgen
vnd tandon im den arn alſo

40 vaſte. daʒ dv̇ glider vʒer ein ander giengen. Der nagel waʒ och
alſo groʒ daʒ er die wndvn
alſo gar erfvlte. daʒ ein trophe blvtes dar vʒ niht gie.

*Kreuzigung Jesu und Bericht über die
Größe der Nägel*

123

Die folgenden Übungsaufgaben 2 und 3 sollen dazu dienen, in den vorherigen Kapiteln erworbenes Wissen durch Anwendung bzw. Wiederholung und Übung zu festigen und unterschiedliche Wissensbereiche miteinander zu vernetzen (stV AR Ia Kap. 3b, stV AR IIb Kap. 4b, Wurzelverben Kap. 5b, swV mit Rückumlaut Kap. 6a, Relativsätze Kap. 3b, adverbial eingeleitete Nebensätze Kap. 5a).

2 Bestimmen Sie die Verbformen *beleib* (Z. 11), *giench* (Z. 13), *zoch* (Z. 15), *hanchte* (Z. 24) und *gie* (Z. 44).

beleib → 3.Pers.Sg.Prät.Ind., Infinitiv *belîben* (stV, AR Ia)
giench → 1.Pers.Sg.Prät.Ind., Infinitiv *gân/gên* (Wurzelverb)
zoch → 1.Pers.Sg.Prät.Ind., Infinitiv *ziehen* (stV, AR IIb)
hanchte → 3.Pers.Sg.Prät.Ind., Infinitiv *hengen* (swV, Rückumlaut)
gie → 3.Pers.Sg.Prät.Ind., Infinitiv *gân/gên* (Wurzelverb)

3 Entscheiden Sie, bei welchen mit *daz* eingeleiteten Nebensätzen es sich entweder um einen Relativsatz oder einen Konjunktionalsatz handelt.

- *Da hôre Anſhelme ein gar klagelich mere.* **daz** *doch enhein ewangeliſte ſhribet.* (Z. 4–7) → Nun höre, Anselm, eine beklagenswerte Geschichte, die kein Evangelist aufgeschrieben hat (*mere = mære*; hier Neutrum) = Relativsatz
- *do zvgen ſŏ im alles ſin gewant abe.* **daz** *ein vaden an ſinem libe niht beleib.* (Z. 9–11) → da zogen sie ihm sein Gewand aus, **so dass** kein Faden an seinem Körper blieb = Konjunktionalsatz (konsekutiv) oder: → da zogen sie ihm sein Gewand aus, **damit** kein Faden an seinem Körper blieb = Konjunktionalsatz (final)

Abhängig von der zugrunde gelegten Interpretation sind hier beide Übersetzungen möglich. Während die erste Variante eher die Blöße Jesu als Folge der Entkleidung betont, fokussiert die zweite stärker den Zweck und damit auch die Intention der Handlung und setzt voraus, dass die Entkleidung Jesu als zusätzliche Demütigung zu verstehen ist.

- *vnd waʒ alſe verſhmeht* **daʒ** *man niht bôſer ſtat konde vinden.* (Z. 20–23) → und war so schmachvoll, **dass** man keinen schlechteren Ort finden konnte. = Konjunktionalsatz (konsekutiv)
- *vnd waʒ der ſmak da alſo groʒ.* **daʒ** *in kvme ieman erliden mahte.* (Z. 25–28) → und der Gestank war so intensiv, **dass** ihn keiner/ kaum jemand ertragen konnte = Konjunktionalsatz (konsekutiv)
- *vnd waʒ der nagel alſe groʒ.* **daʒ** *er die wndvn alſo ſere erfvlte.* **daʒ** *ein blvtes trophe. dar vʒ niht giench* (Z. 33–36) → und der Nagel war so groß, **dass** er die Wunde gänzlich ausfüllte, **dass** auch nicht ein Tropfen Blut daraus floss = Konjunktionalsatz (2x konsekutiv)/ und der Nagel war so groß, **dass** er die Wunde gänzlich ausfüllte, **damit** auch nicht ein Tropfen Blut daraus floss = Konjunktionalsatz (konsekutiv und final)
- *vnd ʒvgen vnd tandon im den arn alſo vaſte.* **daʒ** *dv glider vʒer ein ander giengen.* (Z. 38–41) → und zogen und dehnten ihm die Arme so fest, **dass** die Glieder auseinander gingen = Konjunktionalsatz (konsekutiv)
- *Der nagel waʒ och alſo groʒ* **daʒ** *er die wndvn alſo gar erfvlte.* **daʒ** *ein trophe blvtes dar vʒ niht gie.* (Z. 41–44) → Dieser Nagel war so groß, **dass** er die Wunden so sehr ausfüllte, **dass** nicht ein Tropfen Blut daraus floss = Konjunktionalsatz (2x konsekutiv)/ Dieser Nagel war so groß, **dass** er die Wunden so sehr ausfüllte, **damit** nicht ein Tropfen Blut daraus floss = Konjunktionalsatz (konsekutiv und final)

Aufgabe 4 thematisiert im Schwerpunkt neben der regionalen insbesondere die graphische Varianz des vorliegenden Textes. Die Liste der einzelnen Merkmale (S. 123) verweist unter Zuhilfenahme ausgewählter Beispiele auf die unterschiedlichen Kategorien, anhand derer die Studierenden nun selbst Wörter suchen (Spalte 1) und zuordnen (Spalte 2) sollen, die Merkmale graphischer oder regionaler Varianz aufweisen. Die anschließend geforderte Bildung von mhd. Entsprechungen (Spalte 3) dient dem Abbau von Fremdheitsbarrieren und soll die fremd wirkenden Wörter vertrauter machen. Die Konstruktion der Wörterbuchform (Spalte 4) erfordert die Anwendung unterschiedlicher in den vorangegangenen Kapitel erworbenen Kompetenzen (z.B. das Bilden des Infinitivs starker und schwacher Verben mit Rückumlaut) bei gleichzeitiger Aktivierung bisher erlangten Wissens (z.B. Lautwandel, Auslautverhärtung).

4 Suchen Sie jeweils Beispiele zu den genannten Merkmalen aus dem Text heraus und füllen Sie die Tabelle aus.

Die vorliegende Darstellung bietet eine exemplarische Auswahl an möglichen Lösungen für die im Einzelnen problematisierten Phänomene, es lassen sich im Text zahlreiche weitere Beispiele finden. Einige Beispiele weisen mehrere Merkmale graphischer und/oder regionaler Varianz auf, wie z.B. *vnreinvn* (Lautwert von *v* ist vokalisch, volle Nebensilbe), so dass Mehrfachnennung hier durchaus möglich ist.

Textbeispiel	Transformation $ch \rightarrow c/k$; $ſh \rightarrow s$ oder *sch*; volle Nebensilben $u/o \rightarrow e$ Disambiguierung $v \rightarrow$ konsonantisch v /f/; $v \rightarrow$ vokalisch u	Ergebnis der Transformation	mhd. Entsprechung (Lemma im Wörterbuch)
gien**ch** (Z. 13) han**ch**te (Z. 24) ...	$ch \rightarrow c/k$	gien**c** han**c**te/ han**k**te	gân henken
An**ſ**helm (Z. 1) **ſh**ribet (Z. 7) ver**ſh**meht (Z. 21) be**ſh**ant (Z. 23) ...	$ſh \rightarrow s$ oder *sch*;	An**s**elm **sch**ribet ver**s**meht be**sch**ant	– schrîben versmæhen (be-)schenden
va**ſ**te (Z. 40) ver**ſh**meht (Z. 21) **v**inden (Z. 22f.) **v**leke (Z. 18) ...	$v \rightarrow$ konsonantisch	va**ſ**te ver**ſh**meht **v**inden **v**leke	vaste versmæhen vinden vlëc
bl**v**tes (Z. 35, 44) cr**v**ce (Z. 29, 33) erf**v**lte (Z. 34f., 43) gef**v̇**ret (Z. 20) h**v**nde (Z. 23) r**v̇**ggeling**v**n (Z. 30f.) **v**nreine (Z. 18) wnd**v**n (Z. 34, 42) ...	$\dot{v} \rightarrow$ vokalisch	bl**u**tes cr**u**ce erf**u**lte gef**u**ret h**u**nde r**u**ckeling**u**n **u**nreine wnd**u**n	bluot kriuze ervüllen vüeren hunt rückelingen unreine wunde

vnreinvn (Z. 28)	volle Nebensilben	unreinen	unreine
rvggelingvn (Z. 30f.)		rückelingen	rückelingen
nageloten (Z. 31f.)		nagleten	nagelen
wndvn (Z. 34, 42)		wnden	wunde
tandon (Z. 39)		tanden	denen
...			

125

Aufgabe 5 fokussiert am Beispiel des Mittelniederdeutschen die regionale Varianz des vorliegenden Textes. Das Lösen dieser Aufgabe erfordert eine mehrfache Transferleistung, so dass eine erfolgreiche Bearbeitung zeigt, dass sowohl der Text als auch die Graphik (S. 124) zur 2. Lautverschiebung verstanden wurden und die gegebenen Informationen sicher zur Bildung mhd. Äquivalente zu mittelniederdeutschen Formen genutzt werden konnte. Die in der Aufgabenstellung nicht explizit geforderte jedoch implizit sinnvolle Lektüre des Textes kann hier wiederum bei der Lösung helfen: Durch die Bekanntheit des beschriebenen Geschehens kann der Inhalt recht schnell erschlossen werden, so dass die isoliert stehenden Wörter zusätzlich durch ihre Kontextualisierung verstanden werden können.

5 Weisen Sie nach, dass der folgende Text nördlich der ‚Benrather Linie' – also im niederdeutschen Raum – entstanden und damit in mittelniederdeutscher Sprache abgefasst ist, indem Sie zu den aufgelisteten Wörtern das mhd. Äquivalent notieren.

ik → ich
wat → waz
-like → -liche (lîche)
luder → luter
vader → vater
etich → ezich
hadde → hate (hâte)
dale → tale

Aufgabe 6 soll verdeutlichen, inwiefern regionale Varianz sich auch auf lexikalischer Ebene auswirken kann. Die über den einzelnen Texten stehenden Angaben der unterschiedlichen Mundarten ermöglichen in Kombination mit der Karte und den auf ihr enthaltenen Angaben (S. 127) eine richtige Zuordnung.

126

6 Suchen Sie die unterschiedlichen Bezeichnungen für das letzte Abendmahl aus den Textausschnitten heraus und tragen diese wie im Beispiel in die Karte ein.

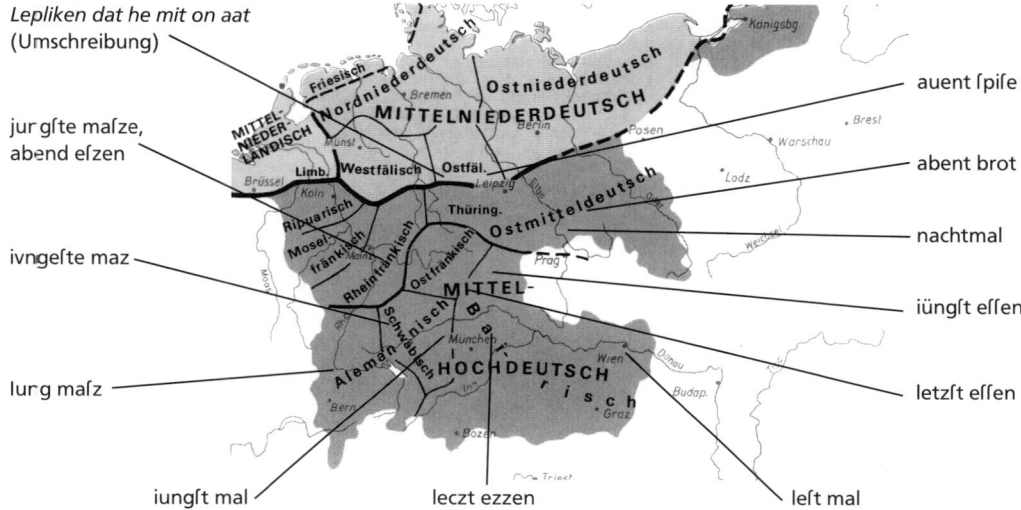

Die folgenden Übungsaufgaben sollen dazu dienen, das in diesem Kapitel erworbene Wissen über die 2. Lautverschiebung auf das Ripuarische zu übertragen und anzuwenden und durch Übung zu festigen.

128

7 Das Ripuarische, in dem das ‚Rheinische Marienlob' abgefasst ist, zeigt sowohl im Rahmen der 2. Lautverschiebung verschobene als auch unverschobene Formen. Markieren Sie alle Wörter, die nicht verschobene Merkmale enthalten.

> Godes muder it is recht dat ich dich loue.
> Heilige Maria ich louen dich.
> Louesame. minesame. minne mich.
> Hilp mir urowe dat ich bliue ewelich.
> Milde muder. inde maget suuerlich.

Kapitel 7 Eukrasie
a Krankheit und Heilung

In einem ersten methodischen Zugriff soll das Verständnis des Textauszugs aus dem ‚Bartholo-mäus' durch die Beantwortung einiger Fragen zum Leseverstehen auf inhaltlicher Ebene ge-währleistet sein. Das bedeutet, wer die Fragen 1 bis 3 sicher beantworten kann, demonstriert, den Text inhaltlich erfasst zu haben. Die einzelnen Fragen beziehen sich dabei auf unterschied-liche Passagen des Textes, so dass der komplette Text bearbeitet wird. Die erfolgreiche Lösung bedingt dabei die Paraphrasierung des Inhaltes in eigenen Worten, eine Zitation des mhd. Tex-tes ist hier nicht möglich, so dass das Anspruchsniveau höher anzusetzen ist als in vorhergehen-den Kapiteln (z.B. Kap. 3b).

1 Welche Aussage kann man mithilfe einer *grüne(n) nezel* (Z. 8) über die mögliche Genesung eines Patienten machen?

Mithilfe einer grünen Nessel kann entschieden werden, ob der Kranke wieder gesund wird oder stirbt. Dafür ist es notwendig, den vor Mitternacht gelassenen Harn aufzu-fangen und über die Nessel zu gießen. Ist sie am nächsten Tag noch grün, überlebt der Patient, andernfalls stirbt er.

2 Wie kann der Kranke selbst herausfinden, ob er stirbt oder nicht? (Z. 13–19)

So lange der Patient einen grünen Ring sieht, wenn er das geschlossene Auge oben berührt, wird er nicht sterben.

3 Beschreiben Sie, wie man anhand von Harn und Muttermilch erkennen kann, ob ein Patient stirbt oder nicht.

Wenn sich Harn und Muttermilch vermischen, wird der Patient wieder gesund; vermi-schen sie sich nicht, wird er nicht genesen. Dabei ist es wichtig, dass die Milch von einer Frau stammt, die einen Jungen stillt.

133

Aufgabe 4 verlangt die Strukturierung des Textes anhand eines formalen Kriteriums (Reim) und zeigt dabei exemplarisch auf, dass viele Verstexte des Mittelalters nur in nicht-versifizierter Form überliefert sind. Die Versifizierung unterstützt hier die Erleichterung des Textverstehens. Unter Nutzung des eigenen Sprachrhythmus sollen die Studierenden die vorliegende Struktur des Textes verändern und durch eine vom Reim vorgegebene ersetzen. Dieses Vorgehen bedient nicht nur einen speziell musikalisch veranlagten Lernertypen, sondern verdeutlicht auch die Bedeutung des Hörverstehens für die inhaltliche Erschließung mhd. Texte. Da Satz- und Versende häufig zusammenfallen, lässt sich der versifizierte Text viel leichter sinnerschließend lesen bzw. vorlesen und ist damit einfacher zu verstehen.

Die Aufgabe soll darüber hinaus auf die weitere inhaltliche Auseinandersetzung mit dem Reim als ästhetischer Kategorie und mit unterschiedlichen Reimschemata in diesem Kapitel vorbereiten.

4 Der Text ist – wie viele frmhd. Texte – nicht versifiziert. Konstruieren Sie die Versform wie im Beispiel.

1   Herodes begunde ſiechen.
     daz uf den betteziehen.
     ſwebet blůt vnd warch.
     div ſuht dï wart alſo ſtarch.
5   daz er gar fulen began.
     nie menniſk mêre note gewan.
     vnd unſælde alſouil.
     deheine wnne noh dehein ſpil
     maht er geſchöen uf der erde.
10   vnd ſmachte vil unwerde.
     an allen ſinen liden.
     ſin gewalt enmohte daz niht gefriden.
     er muſe leitlichen.
     ligen uor armen vnd richen.
15   Mit den nageln zart er die hut.
     er waſ uil armeklichen lût.
     die wiſen arzate.
     chunden im niht geraten.
     mit wrzen noh mit ſalben.
20   er brah ſih allenthalben
     uzzen unt innen.
     do entwichen im die ſinne.
     michel wart ſin unzuht.
     do dewanch in öh div tobeſuht.
25   daz er armer vnd unrêine.
     ab einem hohen ſteine.
     ſih ſelben erualte.
     da nam in der tieuel ze gwalte.

134   Durch die Beantwortung der Fragen 5 und 6 soll das Verständnis des vorliegenden Textauszugs auf inhaltlicher Ebene gewährleistet sein. Die einzelnen Fragen beziehen sich auch hier auf unterschiedliche Passagen des Textes, so dass der komplette Text bearbeitet wird. Die erfolgreiche Lösung legt eine Beantwortung durch Paraphrasierung des Inhalts in eigenen Worten nahe, eine Lösung durch Zitation des mhd. Textes ist aber auch möglich.

5   Beschreiben Sie die Krankheitssymptome, unter denen König Herodes leidet.

Herodes ist so krank, dass sein Körper blutige und eiternde Wundmale aufweist, die sogar zu faulen beginnen (wohl Wundbrand). Die Krankheit schwächt in so sehr, dass er dahinsiecht und bettlägerig wird. Er beginnt sich die Haut vom Körper zu kratzen und dabei laut zu schreien, er (zer-)bricht innen und außen und verliert zuletzt den Verstand. Die bildliche Verwendung von ‚brechen‘ im Sinne von ‚zerbrechen‘ zielt auf die mittelalterliche Vorstellung des ‚Brechens an Leib und Seele‘; dies findet heute noch bildlich Verwendung, z.B. in den Formulierungen ‚an gebrochenem Herzen sterben‘ oder ‚gebrochenes Auge‘.

blůt vnd warch (Z. 2)
fulen (Z. 2f.)
fmachte vil unwerde (Z. 5)
er mufe leitlichen ligen (Z. 6)
zart er die hut (Z. 7)
er waf vil armeklichen lůt (Z. 7f.)
er brah fih allenthalben uzzen unt innen (Z. 9f.)
entwichen im die finne (Bewusstlosigkeit, hier wohl im Sinne von ‚verrückt vor Schmerzen‘) (Z.10)

6   Wozu zwingt Herodes die *tobesuht*?

do dewanch in ŏh div tobefuht./ daz er armer vnd unrêine./ ab einem hohen fteine./ fik felben erualte (Z. 11f.) → Die *tobefuht* treibt Herodes in den Selbstmord, er stürzt sich von einem *fteine* in den Tod. Da *ftein* auch ein Fels- bzw. Bergschloss oder eine Feste bezeichnen kann, könnte hier auch gemeint sein, dass Herodes sich aus dem Fenster seiner Burg stürzt (vgl. die diese Textstelle abbildende Illustration).

134   Die folgenden Übungsaufgaben 7 bis 9 sollen dazu dienen, in den vorherigen Kapiteln erworbenes Wissen durch Anwendung bzw. Wiederholung und Übung zu festigen sowie unterschiedliche Wissensbereiche miteinander zu vernetzen (stV AR IIIa Kap. 3a, Präteritopräsentien Kap. 2 und 5b, swV mit Rückumlaut Kap. 6a, Übersetzung feststehender Wendungen Kap. 5b, ‚falsche Freunde‘ Kap. 2).

7   Bestimmmen Sie die Verbformen *begunde* (Z. 1), *macht(e)* (Z. 4), *zart(e)* (Z. 7), *erualte* (Z. 12).

begunde → 3.Pers.Sg.Prät.Ind., Infinitiv *beginnen* (eigentlich stV, AR IIIa, in Analoge zu *gunnen* finden sich auch die schwach flektierte Präteritalformen *begunde(n)* und das Part.Prät. *begunnen*)
machte → 3.Pers.Sg.Prät.Ind., Infinitiv *mugen* (Präteritopräsens)
zarte → 3.Pers.Sg.Prät.Ind., Infinitiv *zerren* (swV, Rückumlaut)
erualte → 3.Pers.Sg.Prät.Ind., Infinitiv *ervellen* (swV, Rückumlaut)

8 Finden Sie eine angemessene Übersetzung für die hier verwendete feste Wendung *mit ... noh mit ...* (Z. 9).

Die gebildeten Ärzte konnten ihm **weder mit** Wurzeln **noch mit** Salben helfen.

9 Inwiefern ist *unzuht* (Z. 11) als ‚falscher Freund' zu verstehen?

unzuht meint nicht das gleiche wie nhd. ‚Unzucht' sondern ‚Betragen/Verhalten gegen die Erziehung (= *zuht*), Ungesittetheit, Rohheit bzw. schlechtes Benehmen'.

In Anknüpfung an Aufgabe 4 sollen die Studierenden hier anhand von Übung 10 verschiedene Reimschemata bestimmen und einen Überblick über den textsortenspezifischen Gebrauch unterschiedlicher Reime erhalten.

135

10 Bestimmen und benennen Sie unter Zuhilfenahme des Beispiels jeweils das Reimschema.

Sach ieman die vrouwen,	a	} Paarreim
die man mac schouwen	a	
in dem venster stân?	b	
diu vil wolgetâne	c	} Paarreim
diu tuot mich âne	c	
sorgen, die ich hân.	b	} umschließender Reim

Daz mich, frowe, an fröiden irret,	a	} Kreuzreim
daz ist iuwer lîp.	b	
an iu iemer ez mir wirret,	a	
ungenædic wîp!	b	
Wâ nement ir den muot?	c	
ir sît doch genâden rîche:	d	} Paarreim
tuot ir mir ungenædeklîche,	d	
sô sint ir niht guot.	c	} umschließender Reim

136 Die Aufgaben 11 und 12 sollen in erster Linie die Fähigkeit schulen, längere Textpassagen entlang einer thematischen Fragestellung zu paraphrasieren. Die ergänzenden Informationen über *suht* und *kranc* sowie die Ausführungen zu den häufigsten Krankheiten des Mittelalters helfen, die ausgewählten Textauszüge richtig verstehen und angemessen kulturgeschichtlich zu kontextualisieren.

11 Skizzieren Sie unter Bezugnahme auf den ersten Textauszug, unter welchen medizinischen Symptomen der an Lepra erkrankte Dietrich leidet. (!)

Infolge der Lepra werden Dietrichs Haar und Bart schütter und seine Augenbrauen fallen aus, seine Augen werden gelb, seine Haut wird rot und beginnt schrecklich zu glänzen, seine Stimme wird heiser und seine Hand- und Fußballen fallen ein.

12 Beschreiben Sie, welche Reaktionen die Erkrankung bei den Mitmenschen hervorruft.

Die körperlichen Symptome der Lepra rufen insbesondere Ekel und Ablehnung bei den Mitmenschen hervor; sie werden zudem als Zeichen göttlicher Strafe (vgl. ‚Der arme Heinrich') gedeutet, so dass Lepröse in der Folge gemieden werden, da Fehlverhalten und ein schlechter Charakter als Ursache der Krankheit angenommen werden. Lepra führt somit zum Ausschluss aus der Gesellschaft bzw. zu gesellschaftlicher Isolation (daher auch die Bezeichnung ‚Aussatz'). In der ‚Kaiserchronik' plant der Senat bzw. planen die Römer, den erkrankten Kaiser Domitian zu erschlagen oder lebendig zu begraben.

140 Aufgabe 13 weist ein sehr hohes Anspruchsniveau auf; die Beantwortung ist nur in wenigen Fällen durch eine eindeutige Lösung möglich, so dass zu den meisten Beispielen mehrere mögliche Antworten bzw. Übersetzungen erarbeitet werden müssen, um die Aufgabe vollständig lösen zu können.

An einem Beispiel aus dem Bereich der Wortbildung – der präfigierten Verben – sollen die Studierenden für metaphorische Verwendungen sensibilisiert werden. Diese Aufgabe folgt damit einer ähnlich gelagerten Zielsetzung wie die Aufgaben 1, 4 und 5 zur Personifikation in Kap. 6a. Die Aufgabe soll verdeutlichen, dass eine wörtliche Übersetzung nicht in allen Fällen zur Sinnerschließung beiträgt. Durch die Graphik (S. 139) werden Möglichkeiten aufgezeigt und Denkanstöße angeboten, wie metaphorisch verwendete Formen übersetzt werden können. Durch das Ausprobieren unterschiedlicher Übersetzungen, die sowohl wörtliche als auch übertragene Bedeutung(en) grundlegen, soll eine Basis entwickelt werden, auf der entschieden werden kann, welche Übersetzung als die wahrscheinlichere angenommen werden kann.

13 Überlegen Sie, inwiefern in den folgenden Textstellen bereits eine übertragene (metaphorische) Bedeutung der präfigierten Formen von *ligen* vorliegt.

In vielen (nicht in allen) Fällen ist es möglich, eine mehr oder weniger übertragene Bedeutungen des präfigierten Verbs anzugeben. Der folgende Lösungsvorschlag gibt ggfs. mehrere Möglichkeiten an, so dass die Entscheidung, welche Bedeutung kontextuell angemessener ist, diskutiert werden kann. Liegt unseres Erachtens Metaphorisierung bzw. wörtliche Bedeutung vor, wird dies gekennzeichnet.

1. *lac den werden **an*** → **aneligen** → … legte den Würdigen nahe/ … riet den Würdigen an (nahelegen/ anraten → metaphorische Verwendung)

2. *Vnd hant **belegen** Paris* → **beligen** → Und haben Paris belagert (belagern → metaphorische Verwendung)

3. *daz dv miner ſweſter **bie ligeſt*** → **bîligen** → …, dass du bei meiner Schwester liegst/ …, dass du bei meiner Schwester schläfst/ dass du mit meiner Schwester schläfst (bei jmd. liegen/ bei jmd. schlafen/ mit jmd. schlafen → metaphorische Verwendung)

4. *iſt von iv tot **belegen*** → **beligen** → … ist euretwegen tot liegen geblieben/ … wurde von euch erschlagen (liegen geblieben/ erschlagen)

5. *im **lagen** die Oſterfranken mit* → **miteligen** → Mit ihm lagen die Ostfranken/ Mit ihm belagerten die Ostfranken (mit jmd. liegen/ belagern → metaphorische Verwendung)

6. *Mit den die im **lagen** tzu* → **zuoligen** → Mit denen, die ihm beistanden (beistehen → metaphorische Verwendung)

7. *da ir herre **inne lach*** → **inneligen** → …, worin ihr Herr lag (in etw. liegen → semantisch nicht verschoben)

8. *daz er vf dem ſande **gelac*** → **geligen** → …, dass er auf dem Sand lag (liegen → semantisch nicht verschoben)

9. ***Ligen** an ſin bette **nider*** → **niderligen** → … unten in seinem Bett liegen/ … ins Bett schlafen gehen (liegen/ schlafen gehen)

10. *ê ſi **irlegen** ſint* → **erligen** → … bevor sie vollständig niederliegen/ … bevor sie erlegen sind/ bevor sie getötet sind (niederliegen/ erlegen/ töten)

11. *di burch ſi **umbe lagen*** → **umbeligen** → Sie liegen um die Burg herum/ Sie belagern die Burg (um etw. herum liegen/ belagern → metaphorische Verwendung)

12. *niht mit laſter **vnderligen*** → **underligen** → … nicht durch Schande unterlegen sein/ unterliegen (moralisch unterlegen sein → metaphorische Verwendung)

13. *daz er sich sô gar **verlac*** → **verligen** → …, dass er sich so lange verlag/ …, dass er sich selbst vernachlässigte (liegen bleiben/ vernachlässigen bzw. versäumen → metaphorische Verwendung)

14. *alſo daz ez dir niht **lig ob*** → **obeligen** → …, so dass es nicht über dir liegt/ …, so dass es dich nicht besiegt (oben liegen/ besiegen → metaphorische Verwendung)

15. *Swaz ir […] vz **lit*** → **ûzligen** → Was immer ihr […] fehlt (fehlen → metaphorische Verwendung)

Kapitel 7 Eukrasie
b Gesundheit und Ernährung

146

Das Einfügen einer modernen – nicht zwingend einer regelkonformen – Interpunktion erfordert eine intensive Auseinandersetzung mit dem Text und dient damit der Vorbereitung einer möglichen Übersetzung bzw. bildet die Basis zur Beantwortung der Fragen 2 und 3 zur inhaltlichen Texterschließung. Methodisch knüpft dieser Ansatz an einige Aufgaben der vorangegangenen Kapitel an (z.B. Aufgabe 1 in Kap. 3a), allerdings verfügt diese Aufgabe im Sinne der zugrunde liegenden spiralförmigen Progression über ein höheres Anspruchsniveau: Der vorliegende Text ist durch die Präsentation als handschriftennahe Transkription, seine hypotaktischen Satzgefüge, seine Länge und seine als wenig bekannt vorauszusetzende Thematik weitaus komplexer und anspruchsvoller als die in den bisherigen Kapiteln.

1 Fügen Sie zum besseren Textverstehen eine am Nhd. orientierte Interpunktion ein.

> 1 Dominica in quadragesima Hortamur vos ne in vacuum gratiam dei
> recipiatis. etc.
> Mine kint.(,) wir ſin alzan getreten in ein heiligez zit.(,) daz vnſer herre got
> ſelbe gewihet. vnd geſegenet hat mit ſinem heiligen bilde.(.) vnd ſvln vil
> 5 wol wizzen.(,) daz er vns nihteſ hat geboten ze tvne.(,) erne habe iz allez
> ſelbe erfvllet mit ſinem heiligen bilde.(,) alſ er ſelbe ſprach.(:„) Exemplum
> dedi vobis etc. Ich han iv daz bilde gegeben.(,) daz ir alſam tvt.(") Div
> heiligev vaſte dirre vierzek tage iſt vnſ vor gepildet langeſ e.
> an den heiligen livten.(,) die gotis hvlde dir mite garnoten.(.) Moýſes(,) der
> 10 heilige wiſſage(,) der ein heimlich vrivnt was vnſers trehtines.(,) do er die
> tavlen zebrach der e.(,) die im got hete gegeben(,) do mvſe er vf einen
> berk ſtigen. vnd mvſe vaſten XL. tage. vz vn vz.(.) Vn garnet da mite(,) daz
> er die taveln wider gewan.(.) Vnd deme livte(,) daz er leite(,) die gotis hulde
> erwarf.(.) Wir leſen ovch von einem wiſſagen der hiez helýas.(.) Der
> 15 vaſtet ovch die XL tage. vnd verdiente da mite vmbe got.(,) daz er von
> livten genomen wart. vnd ze himel gefvret wart.(;) vnd hat in noch
> behalten libliche in ſiner getovgene(.) Daniel(,) ovch ein heiliger wiſſage(,)
> verdiente mit der ſelben vaſten.(,) daz er deme kvnige ſine tiefe trovme
> erſcheinte.(;) vnd wart ſicher von den lewen(,) do er wart geworfen in die
> 20 lewen grvben.(.) Mit der heiligen vaſten hat manik heiliger man. Vnd
> manik ſvntare daz himelriche beſetzen.(.) [...]
> Swer rehte vaſten wil.(,) der tv elliv vnrehtiv dink von ime.(.) Ein iegelich
> Christen menniſchen(,) der rehte vaſten wil.(,) der ſol ſich aller dinge mazen
> an ezzen.(,) an trinken.(,) an ſlafe.(,) an der rede.(,) an deme lahter.(,) an den
> 25 lvgenen.(,) an vnkvſlichen dingen. vnd an allem(,) daz ze ſvnten gezvhet.(.)

146

In einem zweiten Zugriff soll das inhaltliche Verständnis des Textauszugs aus der ‚Millstätter Predigtsammlung' durch die Bearbeitung der beiden folgenden Aufgaben zum Leseverstehen hergestellt werden. Die Aufgaben nutzen dabei verschiedene methodische Zugänge und beziehen sich auf unterschiedliche Passagen des Textes, so dass dieser komplett bearbeitet wird. Die erste Aufgabe verlangt die Gliederung des Textes unter Zuhilfenahme der Markierung von Personennamen und greift dabei die vorangegangene Strukturierung durch das Einfügen von Interpunktion wieder auf. Das formale Kriterium wird nun durch ein inhaltliches ergänzt, so dass der Text auf unterschiedlichen Ebenen strukturell erschlossen wird. Die erfolgreiche Lösung der zweiten Aufgabe bedingt die Paraphrasierung des Inhalts in eigenen Worten, eine Zitation des mhd. Textes ist ausgeschlossen, so dass hier implizit eine Übersetzung des Textausschnitts eingefordert wird. Die Formulierung der geforderten Definition von ‚Fasten' stellt eine anspruchsvolle Transferleistung dar.

2 Unterstreichen Sie die drei Personennamen im Text – was erfahren Sie über diese Personen?

Moýſes, der

10 heilige wiſſage der ein heimlich vrivnt was vnſers trehtines. do er die
tavlen zebrach der e. die im got hete gegeben do mvſe er vf einen
berk ſtigen. vnd mvſe vaſten XL. tage. vz vn vz. Vn garnet da mite daz
er die tavlen wider gewan. Vnd deme livte daz er leite die gotis hulde
erwarf.

<u>Moses</u> → Moses ist Prophet und ein Vertrauter (*vrivnt*) Gottes; nachdem er die Gesetzestafeln zerbrochen hat, steigt er auf einen Berg, um dort 40 Tage zu fasten und so die zerbrochenen Tafeln und die Gunst Gottes für sein Volk zurück zu erlangen.

Wir leſen ovch von einem wiſſagen der hiez **helýas**. Der
15 vaſtet ovch die XL tage. vnd verdiente da mite vmbe got. daz er von
livten genomen wart. vnd ze himel gefvret wart. vnd hat in noch
behalten libliche in ſiner getovgene.

<u>Helyas</u> (Elias) → Elias ist ein Prophet, dessen Apotheose sich auf eine Fastenzeit von 40 Tagen zurückführen lässt. Nach seiner Auffahrt in den Himmel befindet er sich in göttlicher Obhut.

Daniel ovch ein heiliger wiſſage
verdiente mit der ſelben vaſten. daz er deme kvnige ſine tiefe trovme
erſcheinte. vnd wart ſicher von den lewen do er wart geworfen in die
20 lewen grvben.

<u>Daniel</u> → Daniel ist ebenfalls Prophet und erreicht durch ein vierzigtägiges Fasten, dass er dem König im Traum erscheint und in der Löwengrube, in die er geworfen wird, sicher vor den Löwen ist.

3 Geben Sie die Definition von ‚Fasten' (Z. 22–25) mit eigenen Worten wieder.

Swer rehte vaſten wil. der tv elliv vnrehtiv dink von ime. Ein iegelich
Christen menniſchen der rehte vaſten wil. der ſol ſich aller dinge mazen
an ezzen. an trinken. an ſlafe. an der rede. an deme lahter. an den
25 lvgenen. an vnkvſlichen dingen. vnd an allem daz ze ſvnten gezvhet.

Wer vorhat richtig (= angemessen) zu fasten, muss in allen Dingen Maß halten bzw. sie unterlassen; dies betrifft insbesondere das Essen, das Trinken, das Schlafen, das Sprechen, das Lachen, das Lügen, unkeusches Verhalten und alle anderen Dinge, die zur Sünde verleiten.

147 In den Kapiteln 1 bis einschließlich 7 wurden die Studierenden an unterschiedliche Textsorten herangeführt und für deren spezifische Merkmale und Besonderheiten sensibilisiert. Dieses bisher isoliert – d.h. an jeweils nur einem konkreten Beispiel – vermittelte Wissen soll bei der Bearbeitung der nächsten Aufgabe durch Anwendung zusammengeführt und vernetzt werden. Inhaltlich folgen die ausgewählten Textstellen einem der thematischen Schwerpunkte des Kapitels (Fasten) und stellen so die Verbindung zu der vorangegangenen Aufgabe her, die durch die folgende Aufgabe auf inhaltlicher Ebene vertieft wird. Um Aufgabe 4 erfolgreich lösen zu können, müssen die einzelnen Textstellen hinsichtlich ihrer Syntax, Lexik sowie ihrer Semantik analysiert werden, um spezifische Strukturen benennen und sachrichtig einer der vorgegebenen Textsorten zuordnen zu können. Es geht also nicht nur darum, textsortenspezifische Merkmale und Besonderheiten verifizieren, sondern diese auch gegeneinander abgrenzen zu können.

4 Die folgenden Textausschnitte stammen aus unterschiedlichen Textsorten. Ordnen Sie die Ausschnitte diesen Textsorten zu.

Text 1 → religiöser Text (Millstätter Predigt)
Text 2 → Rechtstext (Urkunde der Stadt Landshut)
Text 3 → Rechtstext (Würzburger Polizeisätze)
Text 4 → medizinischer Fachtext (Bartholomäus)

148 Bei der Beantwortung von Aufgabe 5 wird auf bereits grundgelegtes (deklaratives) Wissen zurückgegriffen (vgl. Aufgabe 3). Die zuvor eigenständig formulierte Definition von *vasten* soll nun erweitert werden. Ziel ist es dabei, ein breiteres Bedeutungsspektrum des Begriffs und der ihm zugrunde liegenden Vorstellungen aus der jeweiligen kontextuellen Verwendung zu erschließen. Die Lösung der Aufgabe erfolgt in zwei Schritten: Zuerst ist die Analyse der jeweiligen Textstelle notwendig, um *vasten* angemessen übersetzen zu können, in der anschließenden Abstraktion müssen sowohl der allen Verwendungen gemeinsame Bedeutungskern als auch die individuelle Abweichung davon erkannt werden, um das ganze Spektrum der Verwendung verbalisieren zu können.

5 Geben Sie eine angemessene Übersetzung für den Begriff *vasten* in den folgenden Beispielen. Welches Spektrum an Bedeutungen wird erkennbar?

Text 1
*die lewen hiez er twengen, er lie si **vasten** drî tage.* → Die Löwen ließ er einzwängen (= einsperren) und drei Tage aushungern.

Text 2
*daz haizt daz **vastend** gedirm, dar umb, daz ez alle zeit wan ist von den gerben des ezzens* → Diese heißt Leerdarm, da es zu jeder Zeit frei von den Unreinigkeiten des Essens ist.

Text 3
*Der hunger was jr bayder koch, Wan sy **vastetten** baide noch.* → Der Hunger war ihr gemeinsamer Koch, da sie fasteten/ noch immer nichts gegessen hatten.

Text 4
*al **vaſtende** er deſ morgenſ reît* → Ganz nüchtern (= mit leerem Magen) ritt er des Morgens los.

Spektrum der Verwendung: ,Fasten' bezeichnet fast immer einen Zustand bzw. einen Zeitraum des freiwilligen oder aufgezwungenen Verzichts auf Nahrung und das daraus resultierende Gefühl des Hungers beim Menschen aber auch beim Tier. Es kann ebenso in medizinischen oder anatomischen Zusammenhängen verwendet werden und zur Bezeichnung organischer Besonderheiten dienen.

Die Aufgaben 6 bis 8 bieten eine inhaltliche Anbindung an Kapitel 7a und können somit als Vertiefung des dort vermittelten Wissens verstanden werden. Insbesondere Frage 8 verknüpft die beiden Unterkapitel und bemüht sich, größere kulturgeschichtliche Zusammenhänge am Beispiel der Humoralpathologie aufzuzeigen. Die drei Aufgaben sind nach dem Prinzip des Wiederaufgreifens und Vertiefens bereits bekannter Wissensbestände und deren Erweiterung bzw. Neuperspektivierung als eigenständige Einheit zu verstehen. Aufgabe 6 erfordert eine Beschäftigung mit den Textausschnitten auf inhaltlicher Ebene (basales Textverstehen), Aufgabe 7 verlangt eine Auseinandersetzung auf sprachlicher Ebene (vertieftes Textverstehen) und Aufgabe 8 setzt Impulse, die Texte in ihrer Gesamtheit in einen größeren außertextlichen Zusammenhang zu setzen.

148

6 Welche Anwendungsgebiete der Pflanzen werden in den folgenden Textstellen beschrieben? (!)

Text 1
Konzentrationsschwäche/ Magenerkrankung/ Schwermut

Text 2
Lähmung (Paralyse)/ Fallsucht (Epilepsie)

Text 3
Bronchitis/ kalter Magen (Unterfunktion)

Text 4
Blasenentzündung/ Harnstein/ Verstopfungen/ Blähungen

Text 5
Schlangenbiss/ Vergiftung durch Tierbiss/ Vergiftung durch Getränke

Text 6
Magenkrankheiten/ Augenröte (durch unterlaufenes Blut oder Cholera)/ Depression

7 Geben Sie für die fettgedruckten Wörter die hier passende Bedeutung an. (!)

Text 1
daz ez **anderr** *wolfmechender ding gewalt wider druckt* → ..., dass es die Wirkung **anderer** gut schmeckender Dinge überdeckt.

Text 2
vnd fô man wein da mit feudet, der ift ... → Und **wenn** man Wein damit kocht, der ist gut gegen ... (Und wenn man Wein damit kocht, ist dieser gut gegen ...)

Text 3

ſcherpher auf der zungen **wan** *der haimiſch* → … schärfer auf der Zunge **als** der heimische …
Der **ander** *iſt haimiſch* → Der **andere** ist der heimische.
weizzer **wan** *der wilt* → … weißer **als** der wilde …

Text 5

Diptannus haizzet pfeffer chraut, **ſam** *ain vil zunglår ſpriht* → Diptamus heißt
Pfefferkraut, **wie** ein Sprachkundiger behauptet.

Text 6

gůt **wider** *des magen chranchait […] vnd* **wider** *die augen rôte* → … gut gegen
Magenkrankheiten […] und gegen die Augenröte …
wan *die macht er vnlvſtig* → **denn** diese macht er traurig
Wenn man ſaffrân in wein trinch, **ſô** *macht er trunchen, vnd macht die låwt vil lachent,*
alſô daz *ſi nicht wizzen* → Wenn man Safran in Wein trinkt, **dann** macht er betrunken
und bringt die Leute **so** zum Lachen, **dass** sie albern werden (freie Übersetzung; *nicht
wizzen* = ‚nichts mehr wissen')

8 An welchen Stellen lassen sich Verweise auf die Säftelehre finden? (vgl. Kap. 7a)

Sowohl den einzelnen Kräutern als auch den Menschen selbst können Qualitäten
zugeordnet werden, die in einem Beziehungsgeflecht zu den vier Elementen, Körper-
flüssigkeiten etc. stehen.

150

Negativ exzipierende Nebensätze sind häufig schwierig zu erkennen und bereiten oft ganz er-
hebliche Probleme beim Übersetzen. Aufgabe 9 ist als Übung zu verstehen, die es einerseits erleichtern soll, negativ exzipierende Nebensätze zu erkennen und andererseits helfen soll, diese
richtig zu übersetzen. Ziel dieser Aufgabe ist, zu verdeutlichen, dass das Erkennen syntaktischer
Beziehungen Voraussetzung ist, um mhd. Texte verstehen zu können – inhaltlich knüpft Aufgabe 9 damit u.a. an Kapitel 5a an (konjunktionale Nebensätze, S. 90ff.); der Schwierigkeitsgrad ist hier jedoch höher anzusetzen, die Beantwortung der Aufgabe bedingt das in den vorangegangenen Kapiteln grundgelegte (Vor-)Wissen im Bereich der Syntax.

9 Übersetzen Sie die folgenden Beispiele unter Verwendung beider Anschlussmöglichkeiten.

→ Ich werde sie nicht alle loben – auch wenn es den Anmutigen missfallen sollte – **es sei
denn, sie werden alle gut**.
→ Ich werde sie nicht alle loben, auch wenn es den Anmutigen missfallen sollte, **wenn
sie nicht alle gut werden**.

→ Ich will auch hundert meiner Männer mit mir führen, die ich Euch zu Diensten im
Vertrauen gebe. Wir sind ungeschieden, **es sei denn, uns trennt der Tod**.
→ Ich will auch hundert meiner Männer mit mir führen, die ich Euch zu Diensten im
Vertrauen gebe. Wir sind ungeschieden, **wenn uns nicht der Tod trennt**.

→ Die müssen verhindern, dass jemand ein Rind schlachtet, **es sei denn, sie haben es vorher untersucht.**

→ Die müssen verhindern, dass jemand ein Rind schlachtet, **wenn es nicht vorher untersucht worden ist.**

→ Was wäre wohl das Glück eines Mannes, über das er sich freute, **es seien denn schöne Mädchen und herrliche Frauen.**/ Was wäre wohl das Glück eines Mannes, über das er sich freute, **außer schönen Mädchen und herrlichen Frauen.**

→ Was wäre wohl das Glück eines Mannes, über das er sich freute, **wenn nicht schöne Mädchen und herrliche Frauen.**

→ Ich singe nicht, **es sei denn, es tagt.**

→ Ich singe nicht, **wenn (solange) es nicht tagt.**

Aufgabe 10 soll die Studierenden mit dem Genuswechsel als einem weiteren Phänomen der Varianz vertraut machen, das Schwierigkeiten beim Übersetzen bereiten kann. Das Wissen um die Möglichkeit von Genusschwankung ist wichtig, um einen eventuellen Unterschied zwischen dem Genus im Mhd. und Nhd. erkennen und als Übersetzungsschwierigkeit ausschließen zu können.

151

10 Markieren Sie jeweils die Genusabweichung in den Beispielen und geben Sie Kasus, Numerus und Genus an.

chreftigez mort (Nom. Sg. **Neutr.**)
daz eitir (Akk. Sg. **Neutr.**)
der hvmbel (Nom. Sg. **Mask.**)
der hvrnvz (Nom. Sg. **Mask.**)
den gewalt (Akk. Sg. **Mask.**)
daz ſchonſt menſch (Nom. Sg. **Neutr.**)
ſiner gewelte (Dat. Sg. **Fem**)

152 Die folgenden Übungsaufgaben 11 bis 14 sollen vertiefend auf Inhalte des Gesamtkapitels zurückgreifen und durch das Anfertigen der Transliteration einer Handschrift (Aufgabe 11) eine produktionsorientierte Alternative zur sonstigen Textarbeit eröffnen. Aufgabe 12 bietet in diesem Zusammenhang die Möglichkeit, eigenständig zu überprüfen, ob die Handschrift zumindest partiell richtig transliteriert wurde. Das Markieren der einzelnen Zutaten soll die inhaltliche Erschließung des Textes erleichtern und vorbereiten. Aufgabe 13 situiert den Textauszug in dem inhaltlichen Gesamtkonzept des Unterkapitels, indem weitere Anwendungsgebiete bzw. Einsatzbereiche von Kräutern beschrieben werden sollen. Aufgabe 14 erschließt den Text hinsichtlich seiner textsortenspezifischen Kennzeichen (vgl. u.a. Aufgabe 4).

11 Übertragen Sie den Text der Handschrift Wort für Wort (Transliteration).

12 Unterstreichen Sie die einzelnen Zutaten des Rezeptes in ihrer Transliteration.

Von paſteden ·

Wilt du machen paſteden von
viſchen so ſchůpe die viſche vn̄
ʒů̆he in abe die hut ſwenne ſie
erwallen vn̄ hau ſie ʒů̆ cleinen
ſtůcken. hacke <u>peterlin</u> vn̄ <u>ſalbeẏ</u>
dor in vn̄ tů dar ʒů̆ <u>pfeffer</u> vn̄ <u>ẏn (=)</u>
<u>geber ʒinemin</u> vn̄ <u>ſaffran</u>. tem (=)
per eʒ alleʒ mit <u>wine</u> vn̄ mache
einen dů̆nnen derben teẏc vn̄ tů
die viſche dor in vn̄ gů̆z den win
dor vf vn̄ decke eʒ mit eẏme dů̆nnē
teẏge vn̄ mache daʒ vn̆ꝼme vn̄ ꝰm
gantz vn̄ brich oben ein loch dor
in vn̄ lege da fů̆r ein clůſterlin
von teẏge vn̄ laʒ eʒ backen.
alſo mac man auch <u>hů̆nir</u> machē
auch <u>fleiſch</u> oder <u>wilprete</u> oder <u>ele</u>
oder <u>vȯgele</u>.

13 Zu welchem Zweck werden die Ihnen bereits bekannten Kräuter hier eingesetzt?

Die unterschiedlichen Kräuter werden zum Würzen beim Kochen und nicht, wie in den vorherigen Textausschnitten zur Herstellung von medizinischen Präparaten zur Behandlung verschiedener Krankheiten oder deren Prävention bzw. zur Stärkung des Immunsystems o.ä. verwendet.

14 Beschreiben Sie lexikalische und syntaktische Merkmale, die verdeutlichen, dass es sich bei dem Text um ein Kochrezept handelt.

Überschrift
Eingangsformel (*Wilt du machen, so*)
Imperative
Zutatenauflistung
Vokabular des Kochens und Backens

Kapitel 8 Ehe und Minne
a Ehekontrakt

Kapitel 8a fokussiert die inhaltliche Auseinandersetzung mit Rechtstexten und Begriffen, die in rechtlichen Kontexten Verwendung finden. Diese erfolgt exemplarisch auf Basis der Thematisierung der Eheschließung als rechtsverbindlichem Vorgang und legt somit eine Analyse der sprachlichen Verwendung von *hôch(ge)zît* im Mittelhochdeutschen nahe, um semantische Wandelprozesse erkennen zu können. Die methodischen Schwerpunkte des Kapitels bilden die schnelle Erschließung umfangreicher Textmengen sowie die Erschließung von Wortbedeutung(en) aus kontextueller Verwendung.

159

Die Aufgaben 1 bis 3 dienen der Texterschließung und sollen das Verständnis über den rechtsverbindlichen Vorgang der Eheschließung in seiner Prozesshaftigkeit (Ringtausch, Sprechen bestimmter Formeln etc.) und in seiner sprachlichen Gestaltung (Verwendung bestimmter Begriffe in rechtsrelevanten Kontexten) sichern.

1 Mit welchen Worten und unter Einbezug welcher Gegenstände wird die Eheschließung rechtsgültig?

Zum einen wird die Ehe durch das Sprechen bestimmter Worte bzw. Formeln oder eines Eides rechtsgültig:

Alſo
ich nym dich zu ainem elichen
weib, daz iſt als vil geſprochen, zu diſer
ſtund nym ich dich vnd will fur paz alzeyt
haben dich zu ainem weip. Oder ſpricht,
ich wil dich fur paz haben zu ainem
weip. Oder ſprách, ich will daz du ſeyſt
mein eleich weib. […]
Vnd die fraw oder die
junckfraw ſprach hin wider
der ſelben wort geleich,
(III, Z.4–13)

Mann und Frau versichern sich gegenseitig durch das Sprechen der gleichen Worte bzw. Formel, den jeweils anderen zum Ehepartner zu nehmen.

Zum anderen gehört auch der Tausch eines Ringes zwischen den zukünftigen Ehepartnern zum rechtsverbindlichen Vorgang der Eheschließung. An die Stelle des Ringtausches kann auch die Gabe von Geschenken der Eltern der Brautleute treten (I, Z. 2–).

2 Erläutern Sie, wie man *ain rechte e ſol machen*! (!)

Eleich leben und die e iſt ein ſacrament und ain hailig ding (II, 1f.)

Die Ehe wird in dem vorliegenden Textauszug als Sakrament und heilige Angelegenheit beschrieben. Dies wird als Grund dafür angeführt, dass die zukünftigen Eheleute bestrebt sein sollen, diesem Umstand durch Einhaltung der rechtlichen Regelungen und der Redlichkeit gerecht zu werden. Sie sollen sich sowohl an die Gebote der Kirche als auch an das Gewohnheitsrecht halten, dazu gehört u.a., dass der Mann oder dessen Eltern bzw. Angehörige bei der Frau oder ihren Eltern bzw. deren Angehörigen um deren Hand anhalten. (Die Ehe gilt seit dem 2. Laterankonzil (1139) als (siebtes) Sakrament.)

3 Wie alt müssen die Ehepartner sein und welche Bedingungen müssen erfüllt sein, damit die Ehe geschlossen werden kann?

Der Mann muss mindestens 14, die Frau mindestens 12 Jahre alt sein, ansonsten hat die Ehe keine Gültigkeit, auch wenn die entsprechenden Worte gesprochen werden; dies kann dann nur als das Versprechen einer zukünftigen Ehe gedeutet werden.

Aufgabe 4 problematisiert die divergierende Bedeutung von mhd. *hôch(ge)zît* und nhd. *Hochzeit*. Unter Zuhilfenahme der Erläuterungen über die Bedeutung(en) von *hôch(ge)zît* im Mittelhochdeutschen (S. 160) sollen die Studierenden entscheiden, in welchen der angegebenen Textausschnitte auf ein Fest im weltlichen oder im ausschließlich kirchlichen Bereich Bezug genommen wird. Zur erfolgreichen Bearbeitung der Aufgabe müssen die Studierenden die in den bisherigen Kapiteln aufgezeigten Methoden der kontextuellen Bedeutungserschließung anwenden, um eine begründete Entscheidung formulieren zu können.

160

4 Skizzieren Sie die dargestellten Festlichkeiten möglichst genau und entscheiden Sie, in welchen Fällen *hôchzît* ein weltliches bzw. kirchliches Fest beschreibt.

Bei der Lösung der Aufgabe muss beachtet werden, dass *hôch(ge)zît* zumeist zur Bezeichnung religiös motivierter Feste verwendet wird, das bedeutet, dass auch weltliche Feierlichkeiten häufig im Zusammenhang zu kirchlichen Feiertagen stehen bzw. durch sie motiviert sind. Den Anlass, eine *hôch(ge)zît* als weltliches Fest zu beschreiben, bietet zumeist das Personal (z.B. König Artus, der eine *hôch(ge)zît* anlässlich der Pfingsttage ausrichtet).

Text 1
Am Hof von König Artus wird anlässlich der **Pfingsttage** ein Fest ausgerichtet; hier wird ein kirchliches Fest im fiktional höfischen Umfeld beschrieben.

Text 2
In der **Karwoche** werden die Kirchenglocken nicht geläutet, um an die Gefangennahme, den Tod und das Begräbnis Jesu Christi zu erinnern; hier wird auf die *hôhezît* der Karwoche als kirchliches Ereignis Bezug genommen.

Text 3
Zum **Osterfest** (Passahfest) wird ein Gefangener, den sich das Volk aussucht, von den Richtern begnadigt; hier wird ein kirchlich jüdisches Fest beschrieben.

Text 4
Die Messe anlässlich des Festes **Christi Himmelfahrt** wird beschrieben; Darstellung eines kirchlichen Festes.

Text 5
Osterfest zur Auferstehung Jesu Christi; Darstellung eines kirchlichen Festes.

Text 6
Hagen spricht in der brennenden Festhalle von einem **üblen Fest**; Bezugnahme auf ein weltliches Fest in ironischer Brechung, wobei *ubel* und *hôchzît* eine contradictio in adiecto ist.

Text 7
Verweis auf **Christi Himmelfahrt** als wichtiges kirchliches Fest.

Text 8
Anlässlich einer Hochzeitsfeier sind drei Göttinnen nach Troja eingeladen. Um die Frage, welche die schönste von ihnen sei, entbrennt dort ein heftiger Streit zwischen ihnen. Dieses Treffen wird als Fest beschrieben, das hier in einem literarisch-mythologischen Zusammenhang steht.

Text 9
Die Ritter der Tafelrunde feiern anlässlich der **Pfingsttage** ein prächtiges Fest; hier wird ein kirchliches Fest im fiktional höfischen Umfeld beschrieben (vgl. Text 1).

Text 10
Von überall her kommen Gäste angereist, um an einer *hôhzît* teilzunehmen. Es lässt sich anhand des Textauszugs nicht eindeutig differenzieren, ob ein weltliches oder kirchliches Fest gemeint ist, der Kontext (Großzügigkeit hinsichtlich der Geschenke, Konventionalisierung des Geschehens, Bekanntheitsgrad durch dauerhaftes Berichten etc.) deutet auf ein weltliches Fest hin.

163

Die Bearbeitung von Aufgabe 5 erfordert einen Transfer des in diesem Kapitel erlangten Wissens (vgl. Aufgabe 1 bis 3) sowie dessen Vernetzung mit der Kenntnis über unterschiedliche Textsorten (z.B. Kap. 7b) und die sprachliche Gestaltung rechtsrelevanter Sachverhalte (z.B. Kap. 5b). Die Studierenden müssen zur Lösung der Aufgabe entscheiden, welche Begriffe aus dem vorliegenden höfischen Verstext ihnen bereits aus anderen Texten (bzw. Textsorten) rechtlichen Inhaltes bekannt sind. Dafür muss zuvor ein zumindest basales Textverständnis durch sinnerschließende Lektüre hergestellt werden. Die in der Aufgabenstellung geforderte Entscheidung kann nur getroffen werden, wenn auch die Bedeutung entsprechender Begriffe innerhalb rechtlicher Kontexte bekannt ist.

5 Markieren Sie Begriffe, die auch in rechtlichen Kontexten Verwendung finden.

```
 1   ſi trat ein lutzel hinder ſich.
     ſuftende ſprach ſi wider in.
     herre vnſer herze vnd vnſer ſin.
     div ſint dar zo̊ ze ange.
 5   ze anchliche vnd ze lange.
     an einander verflizen.
     daz ſe imer ſulen gewizzen.
     waz vnder in vergezen ſi.
     ir ſit mir verre oder bi.
10   ſo ne ſol doch in dem herzen min.
     niht lebendeſ noch niht liebeſ ſin.
     wan triſtrat min lip vnd min leben.
     herre ich han dir lange ergeben.
     beidiv leben vnd lip.
15   nv ſich daz mich dehein ander wip.
     imer von dir geſcheide.
     wirn ſin immer beide.
     der liebe vnd der triwe.
     ſtæte vnd niwe.
20   diu lange und alſe lange vriſt
     ſo̊ reine an uns gewesen iſt.
     nim hin diz vingerlin.
     daz laz ein vrchunde ſin.
     der triwen vnd der minne.
25   op dv deheine ſinne.
     imer da zo̊ gewinneſt.
     daz dv ane mich iht minneſt.
```

In dem Text lassen sich einige Paarformeln bzw. formalhafte Verbindungen markieren, die auch in rechtlichen Kontexten Verwendung finden, so z.B. die Verbindung von *lîp* und *leben*, die zur Bezeichnung des Menschen in seiner Gesamtheit dient (z.B. körperliche Unversehrtheit und Leben).

Daneben werden Begriffe wie *vingerlîn* oder *urkünde* benutzt, die auch in Rechtstexten zu finden sind (vgl. *vingerlîn* in der Rechtssumme).

Zusätzlich markiert sind Wörter, die in anderen Kontexten, die Dauer, Qualität o.ä. eines rechtsverbindlichen Sachverhaltes bezeichnen können, wie z.B. *vrist*.

163

Aufgabe 6 soll dazu dienen, das in Kapitel 7a abstrakt vermittelte Wissen um die Gradation der Adjektive anzuwenden zu können und zu üben.

6 Geben Sie die Steigerungsformen zu *lutzel* (v. 1) an. (!)

lützel → *minner (minre), minnest, min(ne)st(e)* (‚klein')

Kapitel 8 Ehe und Minne
b Minnekonsens

Kapitel 8b verfügt über einen thematischen Schwerpunkt, der in der didaktischen Aufbereitung textsortenübergreifend angebunden wird. Die Analyse des Gebrauchs von *minne* und *liebe* in verschiedenen Textsorten und zusätzliche Informationen zu unterschiedlichen möglichen Bedeutungen (S. 169) sollen u.a. das Bewusstsein für metaphorische Verwendungen weiter schärfen (vgl. Kap. 6a und 7a). Die Studierenden sollen so eine Vorstellung von Konzepten erhalten und diese auf die Gattung Minnesang übertragen. Dieser Transfer erfolgt parallel zur Thematisierung von unterschiedlichen Spezifika dieser Textsorte sowohl inhaltlicher (Verwendung sprachlicher Bilder und Wendungen) als auch formaler Art (Metrik und Strophik).

169

Die ersten beiden Fragen dienen zum einen der Texterschließung, zum anderen sollen sie auf den thematischen Schwerpunkt des Kapitels (*minne* und *liebe*) vorbereiten.

1 Welche Symptome verursacht die *minne* bei Lavinia und Eneas?

Lavinia wird heiß und kalt, sie schwitzt und sie friert, sie wird rot und blass (Fieber und Schüttelfrost).
Eneas kann nicht schlafen, da er ununterbrochen an Lavinia und ihren Liebreiz denken muss, ihm wird heiß und er errötet, er fühlt sich, als hätte er eine Krankheit und wird ganz unglücklich.

2 Welche Konsequenzen befürchtet Eneas aufgrund seines (körperlichen) Zustandes?

Eneas befürchtet den Verlust seiner Männlichkeit bzw. Tapferkeit und seiner intellektuellen Zurechnungsfähigkeit bzw. Entschlussfähigkeit.

169

Die folgenden Übungsaufgaben 3 bis 7 dienen dazu, in den vorherigen Kapiteln erworbenes Wissen durch Anwendung bzw. Wiederholung und Übung zu festigen sowie unterschiedliche Wissensbereiche miteinander zu vernetzen (Konjunktionalsätze Kap. 5a, stV AR IIb Kap. 4b, stV AR IIIa und b Kap. 3b, Klise Kap. 3b, Negation Kap. 3b, AR IV Kap. 3a, swV Kap. 3a, Wurzelverben Kap. 5b, swV mit Rückumlaut Kap. 6a, kontrahierte Verben Kap. 3a).

3 Bestimmen Sie die Nebensätze (v. 1, v. 8, v. 9, v. 12, v. 20).

v. 1 → *dâ* und *dô* sind im Mhd. bereits austauschbar, so dass der Satz entweder temporal (..., als sie auf dem Haus war, da ...) oder lokal (..., dort auf dem Haus, da ...) verstanden werden kann.
v. 8 → konsekutiv (..., so dass sie [ihn] lieben musste)
v. 9 → Hier handelt es sich nicht um einen Nebensatz, sondern um eine Parenthese, ein so genannter Schaltsatz, der selbständig ist und in den Gesamtsatz eingeschoben wird (vgl. Paul, Mhd. Gr. §S234).
v. 12 → kausal (..., weil sie brannte und fror)
v. 20 → kausal (..., weil Unwohlsein sie quälte)

4 Bestimmen Sie die Verbformen *schôz* (v. 2), *wart* (v. 4), *enwolde* (v. 9), *bran* (v. 12), *vernam* (v. 16), *switzete* (v. 21) und *was* (v. 24) und bilden Sie jeweils den Infinitiv.

schôz → 3.Pers.Sg.Prät.Ind. (stV, AR IIb), Infinitiv *schiezen*

wart → 3.Pers.Sg.Prät.Ind. (stV, AR IIIb), Infinitiv *werden*

enwolde → Negation durch Partikel *en-*; *wolde* → 3.Pers.Sg.Prät.Ind. (besonderes Verb mit schwachen Prät.-Formen), Infinitiv *wellen*

bran → 3.Pers.Sg.Prät.Ind. (stV, AR IIIa), Infinitiv *brinnen* (‚glühen')

vernam → 3.Pers.Sg.Prät.Ind. (stV, AR IV), Infinitiv *vernemen*

switzete → 3.Pers.Sg.Prät.Ind. (swV), Infinitiv *switzen*

was → 3.Pers.Sg.Prät.Ind. Infinitiv *wesen*

5 Übersetzen Sie die doppelten Negationen. (!)

*neheines slâfes her **ne** phlach* (v. 4) → er fand **keinen** Schlaf

hern bekande niht der minnen side (v. 18) → er kannte sich **nicht** mit der Liebe aus

Die Formulierung *hern mohte noch enkonde* (v. 5) ist keine doppelte Negation, sondern vielmehr eine feststehende Wendung und kann hier mit ‚weder konnte noch vermochte er' übersetzt werden.

6 Bestimmen Sie die Nebensätze (v. 6, v. 10, v. 16, v. 23).

v. 6 → temporal (…, als er intensiv anfing über Lavinia nachzudenken)

v. 10 → Relativsatz (…, an den Brief, den er las)

v. 16 → Objektsatz (…, dass es eine andere Krankheit wäre)

v. 23 → Objektsatz (…, er erzürnte sich so stark, weil ihm das (= die *minne*) unangenehm war.) Aufgrund der Edition ist auch eine kausale Übersetzung möglich (…, er erzürnte sich so stark, weil ihm das selbst unangenehm war.).
Handschrift B hat nicht *erzornde* sondern verstärktes *derzurnde*, so dass auch eine Übersetzung als Konsekutivsatz möglich wäre (…, er erzürnte sich so stark, dass es (= Stärke des Zorns) unangenehm war.).

7 Bestimmen Sie die Verbformen *begonde* (v. 6), *wânde* (v. 15), *versan* (v. 20) und *hete* (v. 34) und bilden Sie jeweils den Infinitiv.

begonde → 3.Pers.Sg.Prät.Ind. (eigentlich stV AR IIIa, in Analogie zu *gunnen* finden sich auch die schwach flektierten Präteritalformen *begunde(n)* und das Part.Prät. *begunnen*), Infinitiv *beginnen*

wânde → 3.Pers.Sg.Prät.Ind. (swV mit Rückumlaut), Infinitiv *wænen*

versan → 3.Pers.Sg.Prät.Ind. (stV AR IIIa), Infinitiv *versinnen*

hete → 3.Pers.Sg.Prät.Ind. (kontrahiertes Verb) Infinitiv *hân*

169 In Aufgabe 8 sollen die Studierenden sich unter Zuhilfenahme der zusätzlichen Informationen (S. 169) und auf Grundlage der Bearbeitung der Aufgaben 1 und 2 begründet für eine passende Übersetzung für *liebe* bzw. *minne* entscheiden. Das erfolgreiche Lösen der Aufgabe bedingt hier also die Übersetzung der jeweiligen Textpassage, die für das Verstehen notwendig ist. Die Auswahl der Textstellen deckt ein möglichst breites Spektrum an Bedeutungen ab, um den Studierenden die Bedeutungsvielfalt möglichst umfassend zu vermitteln. Die folgende Aufgabe 9 knüpft an Kap. 5b an, in dem grundlegende (für das mittelalterliche Miteinanderleben konstitutive) personale Verhältnisse exemplarisch anhand von *triuwe* problematisiert wurden. Das dort vermittelte Wissen soll nun auf personale Beziehungen, die von *liebe* bzw. *minne* bestimmt werden, übertragen werden.

8 Wie können *minne* und *liebe* in den folgenden Textausschnitten jeweils übersetzt werden?

9 Welche personalen Konstellationen liegen den beschriebenen Beziehungen zugrunde?

Text 1
Liebe zu Gott → Beziehung zwischen Mensch und Gott

Text 2
Liebe Gottes → Beziehung zwischen Gott und Mensch

Text 3
Einsicht/ Wohlwollen → Beziehung zwischen Julius Caesar und den Schwaben im Krieg

Text 4
Zuneigung/ Bevorzugung → Beziehung zwischen Richter und Angeklagtem

Text 5
Gewohnheit/ Gewohnheitsrecht (im Gegensatz zu schriftlich fixiertem Recht) → Beziehung zwischen zwei Parteien in einer rechtlichen Angelegenheit

Text 6
Liebe/ Zuneigung → Beziehung zwischen Mutter und Kind

Text 7
Freude → Beziehung zwischen Ehegatten/ Beziehung zwischen Mann und Frau

Text 8
Aufrichtigkeit/ Liebe → Beziehung zwischen Ehegatten/ Beziehung zwischen Mann und Frau

Text 9
Liebe → Beziehung zwischen Jesus und der Menschheit

Text 10
Andenken → Beziehung zwischen den Lebenden und den Toten

Aufgabe 10 knüpft inhaltlich an die beiden vorangegangenen Aufgaben an und führt mit dem Minnesang eine Textsorte ein, für die der *minne*-Begriff von zentraler Bedeutung ist. Auf Grundlage der Information, dass u.a. die Verwendung bestimmter sprachlicher Bilder und Wendungen als gattungskonstituierend zu verstehen sind, sollen die Studierenden diese nun markieren. Ziel ist hierbei u.a., dass die Studierenden einen ersten Einblick in die Textsorte Minnesang und dessen spezifische Merkmale erhalten. Das bei der Bearbeitung der vorangegangenen Aufgabe vermittelte Wissen um die unterschiedlichen Bedeutungen und Konzepte von *liebe* und *minne* soll bei der Lösung als Hilfestellung mit einbezogen werden.

10   Die Verwendung bestimmter sprachlicher Bilder und Wendungen macht deutlich, dass es sich um einen Text der Gattung Minnesang handelt. Versuchen Sie diese an den zwei folgenden Strophen zu verifizieren.

> I   Ir vil minneklîchen ougenblicke
> rüerent mich alhie, swanne ich si sihe,
> in mîn herze. owê, sold ich si dicke
> sehen, der ich mich vür eigen gihe!
> Eigenlîchen dien ich ir,
> daz sol sî vil wol gelouben mir.

> II   Ich trage in mînem herzen eine swære
> von ir, die ich lâzen niht enmac,
> bî der ich vil gerne tougen wære
> beide naht und ouch den liehten tac.
> Des enmac nû niht gesîn
> es enwelle diu liebe vrowe mîn

Zusammenfassung:
- Herz- und Augenmetaphorik, Umschreibung der Sinnlichkeit
- Verdeutlichen der Abhängigkeit bzw. des Dienstverhältnisses
- Heimlichkeit
- hyperbolische Wunschvorstellung
- Ausdruck des lyrischen Ich: *ich, mîn, mich, mir, mînem*

Bei der Bearbeitung von Aufgabe 11 sollen die Studierenden ihr Grammatikwissen (negativ exzipierende Nebensätze Kap. 7b) anwenden, um in einem ersten Schritt die letzten beiden syntaktisch komplexen Verse der 2. Strophe zu übersetzen, um so eine interpretative Aussage über die personale Konstellation formulieren zu können. Die richtige Übersetzung zeigt dabei auch, dass der Text verstanden wurde, so dass diese Aufgabe ebenso der Texterschließung dient.

11   Übersetzen Sie den negativ exzipierenden Satz in II,5f., um bestimmen zu können, welche Rolle *diu liebe vrouwe mîn* (II,6) in dieser Liebesbeziehung hat.

Dies kann nun nicht sein, es sein denn, meine liebe Herrin würde es erlauben.
Dies kann **nicht** sein, **außer** meine liebe Herrin **würde** es erlauben.

172

Aufgabe 12 erweitert die Perspektive auf die verhandelte Textsorte, indem sie den Blick auf ein formales Kriterium (Metrik) lenkt; sie dient darüber hinaus der Erweiterung des grundgelegten Wissens um Reim und Reimschemata als ästhetische Kategorien (Kap. 7a). Das bisher in diesem Kapitel vermittelte Wissen über mögliche Bedeutungen von *liebe* und *minne* sowie die textsortenspezifische Verwendung sprachlicher Bilder und Wendungen soll hier angewendet werden, um das Verstehen der vorliegenden Textstellen und das Lösen der Aufgabe zu ermöglichen. Aufgabe 12 verlangt die Strukturierung des Textes anhand eines formalen Kriteriums (Metrik), so dass die Studierenden bei der Bearbeitung auch auf ihren eigenen Sprachrhythmus zurückgreifen können, indem sie den Text laut vorlesen, um verschiedene Möglichkeiten der Betonung auszuprobieren. Dieses Vorgehen bedient insbesondere einen speziell musikalisch veranlagten Lernertyp, verdeutlicht aber auch die Bedeutung des Hörverstehens für die inhaltliche Erschließung mhd. Texte durch sinnerschließendes Vorlesen.

12 Markieren Sie die betonten Silben mit einem Aufstrich und berücksichtigen Sie dabei besonders Elision und Aphärese.

>   /   /   /
>   si heten beide ein herze:
>   /   /   /   /
>   ir swære was sîn smerze,
>   /   /   /
>   sîn smerze was ir swære;
>   /   /   /
>   si wâren beide einbære
>   /   /   /
>   an liebe unde an leide
>   /   /   /
>   und hâlen sich doch beide
>   Gottfried von Straßburg
>   ,Tristan und Isolde', vv. 11731-11736

>   /   /   /   /
>   Si wunderwol gemachet wîp,
>   /   /   /   /
>   daz mir noch werde ir habedanc!
>   /   /   /   /
>   ich setze ir minneclîchen lîp
>   /   /   /   /
>   vil werde in mînen hôhen sanc.
>   Walther von der Vogelweide, 53,25-28

>   /   /   /   /   /   /
>   Sam der liehte mâne   vor den sternen stât,
>   /   /   /   /   /   /
>   des scîn sô lûterlîche   ab den wolken gât,
>   /   /   /   /   /   /
>   dem stuont si nu gelîche   vor maneger frouwen guot.
>   /   /   /   /   /   /   /
>   des wart dâ wol gehœhet   den zieren helden der muot.
>   ,Nibelungenlied', str. 283,1-4

174

Die Fragen 13 und 14 dienen der Texterschließung, sie beziehen sich auf unterschiedliche Strophen des Auszugs aus dem Nibelungenlied, so dass der ganze Text bearbeitet und verstanden werden muss, um richtige Antworten formulieren zu können. Die beiden Fragen sollen die anschließenden Übungen 15 bis 18 vorbereiten. Thematisch stehen sie in einem engen Bezug zu dem vorangegangenen Kapitel, ihre Bearbeitung hat damit auch das Ziel der Vertiefung der zuvor vermittelten Inhalte.

13 Welche Motivation und Risikobereitschaft liegen Gunthers Brautwerbung zugrunde (strr. I und V)?

Gunther hört von der unglaublich schönen Brünhild, die er zur Ehefrau haben möchte, um sein eigenes Ansehen zu steigern. Er ist bereit, alles aufs Spiel zu setzen und sein Leben zu geben, um dieses Ziel zu erreichen.

14 Welche Prüfungen müssen bestanden werden, um Brünhilds *minne* erlangen zu können (strr. II–IV)?

Der Brautwerber muss insgesamt drei Prüfungen bestehen, wenn er seinen Kopf bzw. sein Leben behalten und Brünhild als Frau haben will: Speerwerfen, Weitwurf und Weitsprung.

Die folgenden Übungsaufgaben 15 bis 18 dienen dazu, in den vorherigen Kapiteln erworbenes **174** Wissen durch Anwendung bzw. Wiederholung und Übung zu festigen sowie unterschiedliche Wissensbereiche miteinander zu vernetzen (swV mit Rückumlaut, Primärberührung, Nasalschwund und Ersatzdehnung Kap. 6a, Präteritopräsentien Kap. 2 und 5b, stV AR IIb Kap. 4b, Übersetzung feststehender Wendungen Kap. 5b, nicht eingeleitete Nebensätze Kap. 8a, negativ exzipierende Nebensätze Kap. 7b).

15 Bestimmen Sie die Verbformen *gedâht(e)* (I,3), *wesse* (II,2), *scôz* (II,4), *muose* (III,2) und *wande* (IV,3) und geben Sie die jeweilige Verbart an.

gedâht(e)	→	3.Pers.Sg.Ind.Prät. (swV mit Rückumlaut, Primärberührungseffekt, Nasalschwund und Ersatzdehnung), Infinitiv *gedenken*
wesse	→	3.Pers.Sg.Prät.Konj. (Präteritopräsens), Infinitiv *wizzen*
scôz	→	3.Pers.Sg.Ind.Prät. (stV AR IIb), Infinitiv *schiezen*
muose	→	3.Pers.Sg.Ind.Prät. (Präteritopräsens), Infinitiv *müezen*
wande	→	3.Pers.Sg.Ind.Prät. (swV mit Rückumlaut), Infinitiv *wenden*

16 Was bedeutet die Wendung *verliesen den lîp* (IV,4)?

Das Leben verlieren = sterben

17 Überlegen Sie sich eine angemessene Übersetzung für den nicht eingeleiteten Nebensatz in III,4.

Wenn er auch nur eines verlieren würde, müsste er sterben/ seinen Kopf verlieren.

18 Um welche Nebensatzkonstruktion handelt es sich in V,4?

negativ exzipierender Nebensatz

175 Aufgabe 19 hat einen ähnlichen Diskurscharakter wie Aufgabe 11 in Kapitel 7b (Transliteration einer Handschrift) und soll die Studierenden zur eigenständigen Recherche im Bereich der handschriftlichen Überlieferung anregen. Darüber hinaus soll sie exemplarisch die (auch im Lehrwerk selbst enthaltenen) Signaturen einzelner Überlieferungsträger erklären und Möglichkeiten aufzeigen, wie man (zumindest virtuell) Einblicke in eine Handschrift und deren Inhalt erhalten kann. Um dieses Ziel zu erreichen, sollen die Studierenden einige basale aber wichtige Informationen zu den aufgeführten Codices recherchieren. Um das Ergebnis der Recherche an die Arbeit mit dem Lehrwerk anbinden zu können, wurden nur Handschriften gewählt, deren Texte und/oder Bilder den Studierenden aus den vorangegangenen Kapiteln bereits bekannt sind.

19 Lösen Sie folgende Signaturen auf und finden Sie heraus, um welche Handschriften es sich jeweils handelt bzw. welche Texte in den unten aufgeführten Handschriften überliefert werden. Nutzen Sie hierzu Suchmöglichkeiten auf www.handschriftencensus.de oder auf den Seiten der betreffenden Bibliotheken.

cpg 848/ Cod.Pal.germ 848
- Codex palatinus germanicus 848 (auch ‚Große Heidelberger Liederhandschrift‘ oder ‚Manessische Liederhandschrift‘)
- Strophen und Töne unterschiedlicher Minnesänger, z.B. Walthers von der Vogelweide oder Friedrichs von Hausen

cgm 51
- Codex germanicus monacensis 51
- Gottfried von Straßburg/ Ulrich von Türheim ‚Tristan‘

Ms.germ.Fol.282
- Manuscriptum germanicus folio 282
- Heinrich von Veldeke ‚Eneas‘

Cod.Guelf.1082 Helmst.
- Codex guelferbytanus 1082 Helmstadiensis
- Sammelhandschrift mit lat. und dt. Texten zur Vorbereitung auf das Osterfest

Kapitel 9 Wissen und Wissensvermittlung

Kapitel 9 ist als letztes Kapitel des Lehrwerks als abschließende Übungseinheit konzipiert. Die große Menge an Fragen und Aufgaben referiert auf unterschiedliche Wissensbestände bzw. Kompetenzen, die in den vorherigen Kapiteln eingeführt und vertieft bzw. geschult, angewendet und geübt wurden. Anhand des Themas ‚Wissen und Wissensvermittlung' können diese nun miteinander verbunden oder isoliert voneinander als Vorbereitung auf mögliche Abschlussprüfungen unterschiedlicher Art noch einmal geübt werden. Die didaktische Kommentierung zeigt dem entsprechend auf, welcher Inhalt wo noch einmal vertieft oder welche Kompetenz wie noch einmal geübt werden kann und verweist dort, wo es sinnvoll erscheint (exemplarisch) auf Referenzstellen in den Kapiteln 1 bis 8.

Aufgabe 1 dient der Texterschließung anhand einer thematischen Fragestellung, die Bearbeitung der Aufgabe erfordert die Auseinandersetzung mit ganzen Textstellen. 181

1 Listen Sie die sieben freien Künste auf und beschreiben Sie ihre jeweiligen Aufgabenbereiche.

Grammatica → *lert ſprechen wol reht* (Kunst/ Lehre des richtigen bzw. angemessenen Sprechens)

Dialetica → *beſchaidet daz ſlêht. vom chrvmben. di warhait. vom falſch* (Kunst/ Lehre, das Richtige vom Falschen zu unterscheiden)

Rethorica → *chlait vnſer rede mit varwe ſchoene* (Kunst/ Lehre die Sprache auszuschmücken; Kunst/ Lehre des Formulierens)

Ariſmetica → *dev geit ze lôene. Daz man von ir chvnſt celen ſol* (Kunst/ Lehre des Zählens und Rechnens)

Geometrie → *lert mezzen wol* (Kunst/ Lehre des Messens; Kunst/ Lehre der Vermessung)

Mvſica → *mit weiſe ſchôene Geit vnſ weiſtvm an di dôene* (Kunst/ Lehre der Töne; Kunst/ Lehre der Musik)

Aſtronomie → *lert ane wanch. Der ſterne natvre vnd ir ganch* (Kunst/ Lehre über die Gestirne)

Aufgabe 2 thematisiert die Medialität der mittelalterlichen handschriftlichen Überlieferung und soll Impulse für eine mögliche Auseinandersetzung mit dem Aspekt der Text-Bild-Beziehung liefern. Der Vergleich zwischen Text und Bild soll den Studierenden ermöglichen, ihr Weltwissen in den Verstehensprozess mit einzubeziehen und Impulse zur Diskussion über Fragen der Darstellbarkeit etc. geben (vgl. Kap. 3a). 181

2 Die Heidelberger Handschrift (cpg 389) ist illustriert (s. Abbildung neben dem Text). Ordnen Sie die sieben freien Künste den jeweiligen Bildern zu, nutzen Sie dazu die Bildunterschriften.

Links unten: Grammatik
Rechts von oben nach unten: Dialetik, Rhetorik, Geometrie, Arithmetik, Musik, Astronomie.

181 In Aufgabe 3 soll abstrakt vermitteltes Grammatikwissen (hier: Ekthlipsis) konkret angewendet werden. Hier soll sowohl auf mögliche Probleme beim Übersetzen bzw. beim Verstehen mhd. Texte aufmerksam gemacht werden als auch auf Lösungsstrategien verwiesen werden (vgl. Kap. 7a).

3 Im Text gibt es eine ekthliptische Form, markieren Sie diese und erläutern Sie, inwiefern Probleme beim Übersetzen entstehen können.

chlait (v. 16) von *chlaidet* (*kleiden*): Durch den Ausfall von *e* und die Verschmelzung von *d* und *t* entsteht Formgleichheit mit dem Substantiv *clait* (*kleit*).

181 Bei der Bearbeitung von Aufgabe 4 soll bereits angewendetes Grammatikwissen an einem weiteren Text geübt werden. Diese Übung dient auch dazu, eine mögliche Übersetzung vorzubereiten, indem schwierig zu übersetzende Stellen bereits im Vorhinein markiert werden (vgl. Kap. 4b).

4 Markieren sie diejenigen Adverbien im Text, die zur Steigerung dienen.

vil (v. 1)
wol (v. 13 und v. 20)

Zur Lösung von Aufgabe 5 müssen die Studierenden ihre unterschiedlichen Fähigkeiten und Fertigkeiten zur Erschließung von Bedeutungen durch Analyse der jeweiligen sprachlichen Verwendung nutzen, indem sie z.B. Kollokationen oder Konnotation markieren (vgl. Kap. 5b).

181

5 Suchen Sie passende Übersetzungen für *chvnſt* (v. 1 u.ö.) und *Lſt* (v. 3) im ‚Welschen Gast‘ und markieren Sie die Wörter, die Aufschluss über eine positive bzw. negative Konnotation geben.

<blockquote>

1   wir haben <u>chvnſt</u> (→ gesamtes Wissen/ Fähigkeiten und Fertigkeiten) **vil geſchriben.**
    Der **ſint avz erwelt** ſiben.
    <u>Lſt</u> (→ Künste/ Wissenschaften/ Lehren) haizz wir di <u>chvnſt</u>. (→ Fähigkeiten und Fertigkeiten)
    vnd haizzens **frei** wan niemen ŵnſt

5   Der ſich drân verlat haben mêre
    Man vindet da ŵnnechleich lere. […]
    Dev erſte haizzet grammatica.
    dev andere Dialetica.
    Dev dritte Rethorica iſt genant.

10 So ſint di vier dar nah zehant.
    Ariſmetica. vnd Geometrie.
    Mvſica. vnd Aſtronomie.
    GRammatica lert ſprechen wol reht.
    Dialetica beſchaidet daz ſlêht.

15 vom chrvmben. di warhait.
    vom falſch. Rethorica chlait
    vnſer rede mit varwe ſchoene.
    Ariſmetica dev geit ze lôene.
    Daz man von ir <u>chvnſt</u> (→ Wissen) celen ſol.

20 Geometrie lert mezzen wol.
    Mvſica mit weiſe ſchôene
    Geit vnſ weiſtvm an di dôene
    Aſtronomie lert ane wanch.
    Der ſterne natvre vnd ir ganch.

</blockquote>

182

Aufgabe 6 bezieht sich auf die Zusatzinformationen (S. 181), die den Studierenden eine Hilfe-stellung bei der Entscheidung über eine positive bzw. negative Konnotation bieten sollen. Sie steht damit in einem methodischen Zusammenhang zu Aufgabe 5 und verfolgt dieselbe Ziel-setzung (vgl. Kap. 5b).

6 Entscheiden Sie, ob *list* in den folgenden Textstellen positiv oder negativ besetzt ist und begründen Sie ihre Entscheidung aus dem Kontext heraus.

1. positiv = ‚Wissen, Kunstfertigkeit eines Arztes'
2. positiv = Zusammenhang mit *wiſheit* und *cundiheit* (‚Verstand')
3. negativ = Adj. *krank* (frei: ‚vergängliche Geschaffenheit')
4. positiv = Adj. *hoh* und Kombination mit *wiſheit* (‚Wissen')
5. negativ = *tievel* → Der Teufel führt die Gläubigen in Versuchung (‚Hinterlist/ Täuschungen')
6. negativ = *niht verswîgen getar* → Die Schuld ist zu groß, um sie durch *list* verbergen/ verschweigen zu können (‚Absicht/ Trick')
7. negativ = Adj. *vngedruwe, falſ*; Kontext *antecrist* (‚Arglist/ Hinterlist')
8. negativ = *ſlange* als Verführerin im Paradies (‚Arglist/ Hinterlist')

D e Aufgaben 7 bis 9 sollen den Studierenden eine Möglichkeit aufzeigen, große Mengen Text **182** bzw. unterschiedliche Texte unter einer thematischen Fragestellung inhaltlich erschließen zu können (vgl. Kap. 8a). Aufgabe 7 dient einer ersten Strukturierung (vgl. 7b), anhand derer die Texte dann Schritt für Schritt erschlossen werden können. Im Rahmen dieser Erschließung werden die Studierenden durch die Aufgaben 8 und 9 thematisch gelenkt, indem Erzählanlässe und didaktische Zielsetzungen gefunden und mit eigenen Worten wiedergegeben werden sollen.

7 Markieren Sie in den folgenden Texten, welche Referenzen jeweils als Quellen der Bearbeitung genannt werden.

8 Fassen Sie zusammen, welche Erzählanlässe in den einzelnen Prologen genannt werden.

9 Beschreiben Sie das Vorgehen der einzelnen Autoren und verdeutlichen Sie, welche literarischen und didaktischen Zielsetzungen in den Prologen deutlich werden.

1 Ich weiz wol, ir ist vil gewesen,	**Quellen**
die von Tristande hânt gelesen;	Gottfried von Straßburg nennt Thômas von
und ist ir doch niht vil gewesen,	Britanje als eine seiner Quellen, den er als
die von im rehte haben gelesen.	den Meister des Berichtes über Tristan und
5 Tuon aber ich diu gelîche nuo	Isolde bezeichnet und von dem er ausgeht,

1   Ich weiz wol, ir ist vil gewesen,
 die von Tristande hânt gelesen;
 und ist ir doch niht vil gewesen,
 die von im rehte haben gelesen.
5   Tuon aber ich diu gelîche nuo
 und **schephe mîniu wort dar zuo,**
 daz mir iegelîches sage
 von disem mære missehage,
 so würbe ich anders danne ich sol.
10 ich entuon es niht; si sprâchen wol
 und niwan ûz edelem muote
 mir unde der werlt ze guote.
 binamen si tâten ez in guot;
 und swaz der man in guot getuot,
15 daz ist ouch guot und wol getân.
 aber als ich gesprochen hân,
 daz sî niht rehte haben gelesen,
 daz ist, als ich iu sage, gewesen:
 sine sprâchen in der rihte niht,
20 als <u>Thômas von Britanje</u> giht,
 der <u>âventiure meister</u> was
 und <u>an britûnschen buochen</u> las
 aller der lanthêrren leben
 und ez uns ze künde hât gegeben.
25 Als der von Tristande seit,
 die rihte und die wârheit
 begunde ich sêre suochen
 <u>in beider hande buochen</u>
 <u>walschen und latînen,</u>
30 und begunde mich des pînen,
 daz ich in sîner rihte
 rihte dise tihte
 sus treib ich manege suoche,
 unz ich an eime buoche
35 alle sîne jehe gelas,
 wie dirre âventiure was.

Quellen
Gottfried von Straßburg nennt Thômas von Britanje als eine seiner Quellen, den er als den Meister des Berichtes über Tristan und Isolde bezeichnet und von dem er ausgeht, dass er seine Informationen aus *britûnschen buochen* entnommen hat. Gottfried selbst hat darüber hinaus noch in *walschen* und *latînen* Büchern (Quellen) recherchiert, in der Hoffnung, weitere Informationen zu finden.

Erzählanlass
Die bisherigen Erzählungen von Tristan und Isolde sind unzureichend, da sie sich nicht an Thomas von Britanje gehalten haben.

Zielsetzung
Gottfried möchte die Geschichte von Tristan und Isolde richtig erzählen und sie nicht durch Hinzufügungen verfälschen.

<table>
<tr><td>

1   Ditze buch dihte ein meiſter
der hiez <u>Bartholomeus</u>. daz nam
er <u>ze chrichen</u>. vz einem bvche daz
<u>haizet practica</u>. daz iſt hie tiud-
5   ſche getihtet. Mit den ſelben
worten. alſo ez Bartholomeus an ſin
bůch hat geſchriben. Swer den brief
diſeſ bůches wil wizen. der ſol in alſo
erchennen. <u>Introductiones et experimenta.</u>
10   <u>Bartholomei magistri. in practicam</u>
<u>Ypocras. Gallieni. Conſtantini. grecorum</u>
<u>medicorum.</u> Der brief dutet alſvs
Bartholomeus der maiſter daz er vns an di-
ſen bůche geleret hat. **alliv div dinch.**
15   **div er verſvhte.** daz ſi war ſint in dem
<u>chriechiſchen bůchen.</u> vnt daz er den
wech vnd die rehten chvnſt geleret
hat. die wir vinden ſvln. in den chri-
chiſchen bůchen. di daz geſchriben
20   habent. die chrichſchen arzet. Ypo-
cras. Gallienus. vnt Conſtantinus.

</td><td>

Quellen

Als Quelle wird ein Meister namens
Bartholomeus angegeben, dessen Buch
Practica heißt und ursprünglich auf grie-
chisch verfasst wurde; der genaue Titel
lautet: *Introductiones et experimenta.*
Bartholomei magistri. in practicam
Ypocras. Gallieni. Conſtantini. grecorum
medicorum, so dass hier zusätzlich der
Verweis auf Hippokrates, Galen und
Konstantin als griechische Gelehrte
bzw. Ärzte enthalten ist.

Erzählanlass
Übersetzung bzw. Niederschreiben der
griechischen Vorlage ins Deutsche und
deren Bearbeitung.

Zielsetzung
Die Erkenntnisse der Quelle sollen ei-
nem breiteren Publikum zugänglich ge-
macht werden.

</td></tr>
<tr><td>

1   Ein ritter sô *gelêret* was
daz er an den buochen *las*
swaz er dar an *geschriben* vant:
der was Hartman genant,
5   dienstman was er zOuwe.
er nam im manige schouwe
an <u>mislîchen buochen</u>:
dar an begunde er *suochen*
ob er iht des vunde
10   dâ mite er swære stunde
möhte senfter machen,
und von sô gewanten sachen
daz gotes êren töhte
und dâ mite er sich möhte
15   **gelieben den liuten.**
<u>nu beginnet er iu *diuten*</u>
<u>ein *rede* die er geschriben vant.</u>
dar umbe hât er sich genant,
daz er sîner arbeit
20   die er dar an hât geleit
iht âne lôn belîbe,
und swer nâch sînem lîbe
si *hoere sagen* ode *lese*
daz er im bittende wese
25   der sêle heiles hin ze gote.

</td><td>

Quellen
Hartmann benennt eine nicht genauer
differenzierte Zahl an *buochen*, die ihm
als Quelle seiner eigenen Ausführungen
zugrunde lagen. Die Aussagen, die er in
ihnen geschrieben findet, beginnt er
dann zu deuten.

Erzählanlass
Suche nach Trost in schwierigen Zeiten.

Zielsetzung
Intention des Schreibens ist es, Gott zu
dienen, damit er den Menschen wohlge-
sonnen ist.

</td></tr>
</table>

Aus didaktischen Gründen erfolgt die Darstellung der Lösung von Aufgabe 17 in abweichender Reihenfolge zwischen Aufgabe 9 und 10.

Aufgabe 17 folgt zwei unterschiedlichen Zielsetzungen, zum einen soll das Wissen um Reimschemata aktiviert und zur Lösung angewendet werden (vgl. 7a), zum anderen soll hier, in Umkehrung zur sonstigen Vorgehensweise, nicht die kontextuell passende Bedeutung eines Wortes angegeben werden, sondern das in den Kontext passende Wort bestimmt werden. Diese Aufgabe versteht sich in diesem Sinne also als Variation des Aufgabentyps, der die Bedeutungserschließung auf Grundlage sprachlicher Verwendung fokussiert.

184

17 Tragen Sie folgende Wörter jeweils in die passenden Lücken im Text ein: *hoere sagen, suochen, diuten, geschriben, rede, las, lese, gelêret.* Nutzen Sie – wenn möglich – das Reimschema als Hilfestellung.

1	Ein ritter sô *gelêret* was
	daz er an den buochen *las*
	swaz er dar an *geschriben* vant:
	der was Hartman genant,
5	dienstman was er zOuwe.
	er nam im manige schouwe
	an mislîchen buochen:
	dar an begunde er *suochen*
	ob er iht des vunde
10	dâ mite er swære stunde
	möhte senfter machen,
	und von sô gewanten sachen
	daz gotes êren töhte
	und dâ mite er sich möhte
15	gelieben den liuten.
	nu beginnet er iu *diuten*
	ein *rede* die er geschriben vant.
	dar umbe hât er sich genant,
	daz er sîner arbeit
20	die er dar an hât geleit
	iht âne lôn belîbe,
	und swer nâch sînem lîbe
	si *hoere sagen* ode *lese*
	daz er im bittende wese
25	der sêle heiles hin ze gote.

183

Die Aufgaben 10 bis 12 dienen der differenzierten Texterschließung des vorliegenden Auszugs aus Gottfrieds Tristanroman, an die sich die Möglichkeit der interpretierenden Kommentierung anschließen soll. Aufgabe 10 ist dabei komplex aufgebaut, so dass sie in mehreren Schritten bearbeitet werden muss: Zuerst müssen die Begriffe, die übersetzt werden sollen, gefunden werden, so dass eine Lektüre des gesamten Textausschnitts vorangehen muss. Die möglichen Bedeutungen von *âventiure* wurden ausführlich behandelt (Kap. 4b), so dass die Studierenden hier auf bekanntes Wissen zurückgreifen können und bereits für eventuell auftretende Schwierigkeiten beim Übersetzen sowohl von *âventiure* als auch den weiteren Beispielen vorbereitet sind. Aufgabe 11 lenkt den Fokus von den Substantiven auf die Verben, die in Verbindung zum Umgang mit den zuvor problematisierten Quellen stehen, so dass hier der größere Zusammenhang oder genauer der Prozess der Quellenbearbeitung genauer gefasst werden kann.
Die Lösung von Aufgabe 12 bedingt das genaue Textverstehen des größeren syntaktischen Zusammenhangs.

10 Suchen Sie passende Übersetzungen für die Begriffe, mit denen Gottfried seine Quellen bezeichnet (z.B. *mære*, v. 8).

sage (v. 7) Erzähltes	*buochen* (v. 22) Bücher
mære (v. 8) Geschichte, Stoff	*tihte* (v. 32) Dichtung
âventiure (v. 21) Geschichte	*âventiure* (v. 36) Geschichte

11 Listen Sie Verben auf, mit denen Gottfried sein Vorgehen bei der Bearbeitung der Quellen beschreibt.

sêre suochen (v. 27), *rihte* (v. 32), *treib … suoche* (v. 33), *gelas* (v. 35)

183

Aufgabe 12 ist zweigeteilt, bei ihrer Bearbeitung soll sowohl bereits angewendetes als auch nur abstrakt vermitteltes Grammatikwissen (Genitivkonstruktionen Kap. 4a und 4b bzw. Inkongruenz Kap. 8a) auf einen (weiteren) Text angewendet werden. Dabei geht es jedoch nicht nur darum, betreffende Phänomene zu markieren und zu übersetzten, sondern am Beispiel der Inkongruenz soll zusätzlich erläutert werden, inwiefern diese Schwierigkeiten beim Übersetzen bereiten kann. Das Anspruchsniveau dieses Teils der Aufgabe ist sehr hoch anzusetzen, da hier eine Reflexion der eigenen Übersetzungspraxis gefordert wird.

12 Übersetzen Sie die Genitivkonstruktion in v. 1 und v. 3; welche Art der Inkongruenz (vgl. Kap. 8a) erschwert das Textverstehen hier zusätzlich?

ir […] vil (v. 1, 3) ist ein Genitivus partitivus; Inkongruenz besteht zwischen *vil* und *ist* (eigentlich: ‚ihrer **sind viele** gewesen‘ → Numerusinkongruenz)

183

Aufgabe 13 folgt derselben Zielsetzung wie Aufgabe 12, da auch hier eine Reflexion der eigenen Übersetzungspraxis eingefordert wird.

13 Erklären Sie, inwiefern die ekthliptische Verbform im Text Probleme beim Übersetzen bereiten kann.

dihte (Z. 1): 3.Pers.Sg.**Prät.**Ind (swV) Infinitiv *tihten* → durch die Ekthlipsis wird das Erkennen des Tempus erschwert (eigentlich *dihtete*)

Die Aufgaben 14 bis 16 sollen die Möglichkeit geben, Grammatikwissen aus unterschiedlichen Bereichen konkret anzuwenden, sie erfordern dabei unterschiedliche Grade der Vernetzung dieses Wissens: So bedingt Aufgabe 14 das Wissen um die Struktur und Funktion sowohl von Relativsätzen als auch von Konjunktionalsätzen, um diese voneinander abgrenzen und dann bestimmen zu können. Für die in Aufgabe 15 geforderte Übersetzung muss auf das etwa in Aufgabe 6 erlangte Wissen zurückgegriffen werden; für die erfolgreiche Bearbeitung von Aufgabe 16 ist das Wissen um die mhd. als auch die nhd. Substantivflexion erforderlich (Relativsätze Kap. 3a und 3b, Konjunktionalsätze Kap. 5a, Substantivflexion Kap. 6a).

183

14 Unterscheiden Sie die Relativsätze von den eingeleiteten Konjunktionalsätzen.

Relativsätze: *der* (Z. 2), *daz* (Z. 3), *daz* (Z. 4), *der* (Z. 8) , *div* (Z. 15), *die* (Z. 18), *di* (Z. 19)
eingeleitete Konjunktionalsätze: *alſo* (Z. 6), *daz* (Z. 13), *daz* (Z. 15), *vnt daz* (Z. 16)
Modales *als(o)* (‚sowie') kann Nähe zu Relativsätzen aufweisen (vgl. Paul, Mhd. Gr. §S179.2).

15 Suchen Sie passende Übersetzungen für *wizen* (Z. 8, Inf. *wizzen*) und *erchennen* (Z. 9) und bringen Sie diese in einen sinnvollen Zusammenhang.

Wer den Titel dieses Buches wissen (hören, erfahren) will, der soll ihn jetzt kennenlernen/ der soll ihm jetzt genannt werden.

16 Bestimmen Sie die grammatischen Formen *bůchen* (Z. 16) und *arzet* (Z. 20) und erläutern Sie den Unterschied zum Nhd.

bůchen (Z. 16): Dat.Sg. schwache Flexionsform; *buoch* ist schwankend stark/schwach; im Nhd. ‚in dem Buch';
arzet (Z. 20) Nom.Pl., nhd. ‚Ärzte'; im mhd. Text keine Pluralmarkierung, der Plural ergibt sich nur aus vorangestelltem Artikel *die*, der Nominativ ergibt sich aus dem Kontext.

184

Die Aufgaben 18 bis 21 sollen die Möglichkeit geben, Grammatikwissen aus unterschiedlichen Bereichen konkret anzuwenden (*iht* Kap. 3b, Konjunktiv Kap. 4b, verallgemeinernde Pronomen Kap. 3a).

18 *iht* kann sowohl positiv als auch negativ übersetzt werden (vgl. Kap. 3a); welches ist im Text (v. 9 und v. 21) jeweils die passende Bedeutung?

iht (v. 9): ‚ob er nicht irgendetwas fände‘ (positiv)
iht (v. 21): ‚dass er nicht ohne Lob bleibe‘ (negativ)

19 Markieren Sie die Verben im Konjunktiv und bilden Sie jeweils den Infinitiv.

vunde (v. 9), Infinitiv *vinden*
möhte (v. 11), Infinitiv *mügen/mugen*
töhte (v. 13), Infinitiv *tugen*
möhte (v. 14), Infinitiv *mügen/mugen*
belîbe (v. 21), Infinitiv *belîben*
wese (v. 24), Infinitiv *wesen*
hœre (sagen) (v. 23), Infinitiv *hœren*
lese (v. 23), Infinitiv *lesen*

20 Suchen Sie Übersetzungen zu *lîbe* (v. 22) und *arbeit* (v. 19).

lîbe (v. 22): Leben
arbeit (v. 19): Mühe

21 Markieren Sie alle verallgemeinernden Pronomen.

swaz (v. 3) → was immer er darin geschrieben fand
swer (v. 22) → jeder, der nach seinem Tod

185

Aufgabe 22 bezieht sich auf die Zusatzinformationen (S. 185), die den Studierenden eine Hilfe-stellung bei der Entscheidung gibt, welche Übersetzung die jeweils sinnvolle ist. Sie steht damit in einem methodischen Zusammenhang zu Aufgabe 5 und 6 und verfolgt dieselbe Zielsetzung (vgl. Kap. 5b).

22 Entscheiden Sie, welche Übersetzung für *wizzen* in den folgenden Textstellen sinnvoll ist.

1. kennen
2. wissen
3. wusste genau/ war sicher
4. zuteil werden lassen
5. wissen lassen
6. verstehen/ wissen/ erfahren
7. kennen
8. wissen lassen
9. feststehender Ausdruck: ‚Weiß Gott!‘ (Interjektion)